MW00945879

Introduction

It is reccommeded to use a pencil to solve the word searches instead of a marker or pen to reduce the chance of bleed through occuring through the back of the pages.

The words can be found in any direction including diagonal and backwards. Solutions are found at the back of the book. If you enjoy this book please consider leaving a rating or review on the listing.

Thank you and good luck!

IRON MAIDEN

```
Y  Z  T  S  A  E  B  E  H  T  K  R  J  N  P  R  S  W
N  L  S  R  E  H  T  O  R  B  D  O  O  L  B  R  Y  K
S  T  R  D  N  I  M  F  O  E  C  E  I  P  A  A  H  M
O  R  K  R  A  D  E  H  T  F  O  R  A  E  F  L  T  Y
T  D  E  W  I  C  K  E  R  M  A  N  Y  Z  B  E  E  N
N  P  N  L  V  Q  T  B  B  Z  M  D  W  R  W  X  B  O
A  W  C  E  L  N  V  T  V  J  E  N  U  Z  R  T  D  S
Y  A  Y  X  M  I  V  D  R  T  N  N  L  N  A  H  E  H
O  C  K  G  L  T  K  X  S  O  T  R  D  P  T  E  W  T
V  E  B  K  F  K  A  A  J  O  O  T  J  L  H  G  O  N
R  S  E  N  M  N  W  H  T  M  K  P  H  V  C  R  L  E
I  H  Q  K  X  Y  Z  H  T  C  Q  K  E  N  H  E  L  V
A  I  U  P  O  W  E  R  S  L  A  V  E  R  I  A  A  E
L  G  I  P  Q  H  F  X  Y  T  I  Z  W  L  L  T  H  S
C  H  C  N  I  K  H  T  T  R  G  V  K  W  D  L  J  Z
D  X  K  L  R  J  V  P  A  S  C  H  E  N  D  A  L  E
Y  T  L  N  F  L  I  G  H  T  O  F  I  C  A  R  U  S
P  S  J  D  A  N  C  E  O  F  D  E  A  T  H  X  W  R
```

ACESHIGH	FLIGHTOFICARUS	SEVENTHSON
ALEXTHEGREAT	HALLOWEDBETHY	TROOPER
BEQUICK	KILLERS	WASTEDYEARS
BLOODBROTHERS	THEBEAST	WICKERMAN
CLAIRVOYANT	PASCHENDALE	WRATHCHILD
DANCEOFDEATH	PIECEOFMIND	
EVILTHATMENDO	POWERSLAVE	
FEAROFTHEDARK	RUNTOTHEHILLS	

METAL ARTISTS

```
T  N  S  U  F  F  O  C  A  T  I  O  N  J  L  J  L  Q
E  H  K  L  D  X  J  R  D  Z  Q  K  A  F  V  L  J  G
Z  G  Z  A  K  K  R  D  L  L  Q  F  S  C  H  A  D  W
N  T  A  G  U  C  M  N  T  H  M  Y  U  R  R  C  D  I
N  Y  B  R  X  G  O  J  T  T  N  R  T  A  G  I  N  N
D  Z  C  M  L  C  U  A  S  W  T  E  I  M  J  L  D  D
H  T  E  E  T  E  E  R  H  T  H  L  V  P  Y  L  R  S
N  G  L  U  C  D  U  V  Y  C  S  T  T  A  G  A  B  T
G  H  R  T  D  B  P  K  T  H  H  U  N  G  V  T  F  O
F  N  P  E  N  V  L  R  I  M  C  B  I  E  H  E  N  R
S  H  R  U  D  D  I  G  M  H  B  R  A  V  M  M  X  M
Y  Q  S  X  T  S  H  Q  Q  M  R  E  S  C  I  J  K  J
M  C  U  L  T  O  F  L  U  N  A  Z  R  C  T  L  M  R
K  L  R  W  N  R  R  W  P  Y  H  E  R  T  D  F  B  N
P  V  O  F  O  E  R  I  P  M  E  E  D  A  H  S  V  O
G  O  I  H  C  H  C  W  M  J  J  G  L  Q  Q  K  C  M
D  R  T  N  Q  Q  L  S  U  Y  R  E  N  L  A  D  N  F
E  M  W  N  X  E  N  T  R  I  X  J  W  N  B  N  P  W
```

ACRID
AUGURY
CULTOFLUNA
DALNERYUS
GEEZERBUTLER
HIGHONFIRE
METALLICA
NOCTURNS

OBLIVIUS
RAGE
RAMPAGE
REDDEATH
SAINTVITUS
SHADEEMPIRE
SUFFOCATION
SUNBURST

THOR
THREETEETH
TRISTWOOD
WINDSTORM
XENTRIX

METAL ARTISTS

```
C Y Z Y K D Z A L E X W E B S T E R
Q L N O O M D R I H T V L M K C Q N
C M A D T X B A T U S H K A D Z D H
M G N T T H S N D K M X J R M Q L N
E L I W E S E B L A C K M O R E W M
H A T C O M P C M D D Z C L T O B I
E F R B N L Y A U C X E C N R S S T
L L O T T L J B P L D R W D M T D K
H D C V H Y T K A A T A I P N E A I
T R H P L G K Z G B R K F O X E O V
E K A Y G J U E G N S O B H Q L H T
B N R R Y K N O I F P S A T T P R Z
K M G J L E W N N R I G Y C Y A Y D
N T E C R T G X R D V N C L H N D Q
A M O R P H I S I X A R R F N T N N
D L R T G T C A F F N E L R R H A F
W Z L L K Q N B R L K R R Q G E R P
M L E T A G S I B U N A P D Z R J R
```

ALEXWEBSTER
AMORPHIS
ANUBISGATE
BABYMETAL
BATUSHKA
BETHLEHEM
BLACKMORE
BOSS

DREADNOUGHT
MGLA
NITROCHARGE
OBSIDIAN
PAPAROACH
RANDYRHOADS
RENEGADE
SKIDROW

STEELPANTHER
THECULT
THIRDMOON
VIKTIM
WARNING

LAMB OF GOD

```
E  M  H  T  I  W  K  L  A  W  G  T  T  W  D  L  P  K
N  S  V  P  N  K  R  X  X  Z  X  D  B  L  L  F  Q  Z
C  E  T  V  B  T  G  A  D  C  X  T  L  J  I  T  D  N
C  O  K  B  R  C  M  T  T  K  V  A  S  K  N  G  U  B
K  H  F  M  P  D  Z  R  P  H  I  E  T  E  F  S  I  G
L  C  J  Z  H  T  G  E  B  D  T  L  M  M  D  Q  E  V
I  E  E  C  C  R  K  M  T  U  M  A  R  E  J  A  V  L
A  L  K  N  D  F  G  O  O  X  R  G  S  P  R  K  H  Y
F  L  A  M  D  D  R  R  D  C  L  R  C  S  M  M  O  R
O  I  W  Y  D  E  H  F  A  F  U  G  J  D  H  R  U  E
T  T  E  M  S  J  R  S  J  C  C  Y  R  F  M  G  R  S
T  S  H  T  Z  R  C  R  T  N  J  M  Y  A  N  T  G  O
E  C  T  B  L  A  C  K  L  A  B  E  L  L  C  C  L  L
S  R  F  W  P  A  L  A  C  E  S  B  U  R  N  E  A  U
M  N  O  V  L  W  F  X  H  L  Y  Q  N  Y  Y  H  S  T
P  L  H  R  R  U  I  N  G  R  V  B  J  X  M  Z  S  I
X  Z  S  G  N  I  K  L  A  W  T  S  O  H  G  K  W  O
H  T  A  M  A  E  R  D  N  O  S  I  O  P  R  M  R  N
```

ASHOFTHEWAKE	OMERTA	SETTOFAIL
BLACKLABEL	PALACESBURN	STILLECHOES
CURSEDSUN	POISONDREAM	VIGIL
GEARS	REDNECK	WALKWITHME
GHOSTWALKING	RESOLUTION	WRATH
GRACE	ROUTES	
HOURGLASS	RUIN	
LAIDTOREST	SACRAMENT	

JUDAS PRIEST

```
D W R F R E E W H E E L K H M S H S
J B R E A K I N T H E L A W E G N S
E R L I V E F O H C U O T N R N D A
T X E Q P C S D O G L A T E M E G L
D L C V N V G Y M Z R I H N R K H C
R T G I O R K K Y Z N E B F M T Q D
E H M R T L K L H E L C O H A D S E
L I Y E E E O L L L J A W E R E J N
W N L L B L R B R R E M D Q I R U I
A G O L L K E I R S E F V K G E D A
R C N I R K D C T U O W S K R M A T
C O E K K E T B T S T D O T M K S S
T M W N R P J B M R E N C P H N R K
H I O I T R H L M R I E F C E M I N
G N L A Q T A T Y W P C M N C R S J
I G F P R E W W N S C V E N N X I R
N B V M R K G B Z B L L N Y C T N F
L E E T S H S I T I R B K F E Y G N
```

BREAKINTHELAW
BRITISHSTEEL
ELECTRICEYE
EXCITER
FIREPOWER
FREEWHEEL
HELLRIDER
JUDASRISING

LONEWOLF
METALGODS
NIGHTCRAWLER
PAINKILLER
REALMSOFDEATH
REDSKIES
SEAOFRED
SENTINEL

SPECTRE
STAINEDCLASS
THINGCOMING
TOUCHOFEVIL
TURBOLOVER

BLACK SABBATH

```
T  X  Z  E  I  T  G  E  I  S  T  M  X  N  M  K  L  L
A  R  B  A  D  A  C  A  R  B  B  A  S  J  M  K  K  Y
D  N  S  R  D  T  H  O  L  E  I  N  T  H  E  S  K  Y
A  I  N  A  M  O  L  A  G  E  M  T  R  R  T  G  P  N
N  R  O  B  L  O  O  D  Y  S  A  B  B  A  T  H  D  N
A  Z  W  F  C  W  K  H  W  K  R  D  R  D  M  D  Y  E
M  N  B  K  K  H  K  E  L  Y  I  F  V  W  M  I  V  V
O  Q  L  L  T  P  E  J  D  E  J  J  T  P  N  O  K  E
W  H  I  A  G  T  Y  A  Y  R  R  P  S  N  K  N  G  R
L  Q  N  R  L  L  P  O  V  M  A  G  M  P  G  A  J  S
I  T  D  E  O  C  U  K  K  E  I  Z  L  V  T  R  R  A
V  N  A  N  N  N  K  X  L  P  N  Q  I  O  T  A  Z  Y
E  F  V  U  G  B  M  C  R  B  R  H  B  W  N  P  N  D
C  M  X  F  M  L  J  A  B  M  X  A  E  Z  E  D  I  I
N  M  X  P  R  R  W  G  N  Y  S  P  Q  L  T  H  B  E
N  N  A  V  A  R  A  C  T  E  N  A  L  P  L  Q  T  G
T  U  A  N  R  E  P  U  S  R  B  N  J  F  K  D  W  K
H  T  A  B  B  A  S  K  C  A  L  B  R  Q  X  K  P  F
```

BLACKSABBATH	MEGALOMANIA	SUPERNAUT
BLOODYSABBATH	NEVERSAYDIE	SWEETLEAF
DIEYOUNG	NIB	THEWIZARD
EVILWOMAN	PARANOID	WARPIGS
FUNERAL	PLANETCARAVAN	ZEITGEIST
HEAVENHELL	SABBRACADABRA	
HOLEINTHESKY	SABOTAGE	
IRONMAN	SNOWBLIND	

METAL ARTISTS

```
W L L C R U A C H A N R Q L W S T R
R S X Q W K R X N T N R P C U P V G
J I A R T O F D Y I N G R Y V M F M
L S G Q B P L E R B J B R V W Y K X
Y Y F K Y B N F N T P E G T Z G K E
Y L N I N E I N C H N A I L S T R I
M A V R M D A L T L M J Y T F B L T
O R M Y F X N Y A Y A N M V G F M I
R A N L F A L G A B R N K V J A R E
E P Z R B Y F K K R K E R D Y N O V
X O H I A L I X E L A E L H M X W U
M A L N G N O R P G V M E L Z F E L
R A X K N T V K R O R M O L I M V E
C Q W L V J T J L T V M R T R T A W
W X B K R Z C E J F G J H X J V R L
N W V L J O F B M A U T O P S Y G A
L Y Y P K I S M T N E G U N D E T R
L H R V L L L E K P T K C N L H L L
```

ALEXILAIHO	ENEMY	PRONG
ARTILLERY	GALNERYUS	TAAKE
ARTOFDYING	GRAVEWORM	TEDNUGENT
AUTOPSY	LIFELOVER	TOMARAYA
AXLROSE	MAYHEM	WOLFCLAN
CALIBAN	MORE	
CRUACHAN	NINEINCHNAILS	
ELUVEITIE	PARALYSIS	

BEHEMOTH

```
N  S  M  T  M  M  B  X  X  X  Y  D  L  E  W  G  C  Q
W  T  O  Y  S  A  T  S  O  P  A  U  N  R  L  T  D  D
A  J  P  N  T  Z  V  T  N  M  C  Y  R  I  Z  K  O  L
P  K  X  C  O  R  O  V  F  I  R  E  N  O  G  R  G  E
S  P  K  O  K  M  K  R  F  B  V  N  N  N  X  K  V  B
R  X  Q  N  R  L  I  E  D  F  N  U  R  E  Z  N  O  A
A  S  Z  Q  B  A  R  A  W  K  S  Y  R  S  R  L  D  Z
T  A  N  U  V  G  P  M  D  O  M  M  B  S  Q  T  N  T
S  T  N  E  R  H  X  R  N  K  E  N  T  E  K  L  A  R
T  A  Q  R  G  H  B  A  O  V  H  F  Z  M  M  Y  H  A
S  N  Z  A  J  K  T  E  A  N  A  S  C  F  L  H  Z  B
I  I  C  L  Z  A  G  N  N  R  O  D  O  G  I  M  E  D
N  C  B  L  S  N  G  Z  C  S  W  B  L  D  C  T  P  X
A  A  T  O  E  E  M  L  Q  H  A  R  I  R  A  W  H  B
T  V  Z  M  L  L  L  C  M  Z  L  H  M  S  P  Q  D  J
A  H  A  I  C  E  I  N  N  E  R  S  A  N  C  T  U  M
S  K  O  W  P  M  Y  G  T  B  Z  Z  D  R  L  D  Y  Z
X  N  Y  S  T  C  R  H  V  M  T  G  T  N  K  P  Y  P
```

AMEN	HANDOVGOD	SATANICA
APOSTASY	INNERSANCTUM	SATANIST
BARTZABEL	LUCIFER	SPELLCRAFT
BENSAHAR	MESSENOIRE	STARSPAWN
CONQUERALL	ORAPRONOBIS	
DAIMONOS	OSATANOSUN	
DEMIGOD	OVFIRE	
EVANGELION	QADOSH	

MOTLEY CRUE

```
S  I  N  T  H  E  D  I  R  T  E  V  C  Z  L  H  Q  H
R  W  Z  V  D  N  M  M  D  T  X  R  B  N  Y  Q  Q  B
N  T  E  T  D  I  W  R  N  M  D  J  I  C  G  P  N  K
A  E  Q  E  D  N  A  D  Y  S  Y  C  K  W  R  H  H  W
L  N  W  W  T  T  V  R  O  T  Y  B  N  I  E  N  T  E
L  R  M  T  S  H  W  S  F  R  V  Z  M  Q  L  V  W  V
I  Y  K  A  A  P  O  T  K  A  H  A  X  G  W  Z  I  O
N  M  B  L  W  T  R  M  G  T  L  M  X  I  R  F  T  L
E  R  V  R  R  A  T  F  E  S  Q  R  L  R  M  T  H  N
E  Q  G  K  E  K  N  O  C  K  V  D  P  L  K  X  O  I
D  M  R  H  M  V  M  R  O  C  S  J  L  S  T  T  U  L
R  M  Y  L  D  Y  E  C  T  I  T  B  K  G  O  T  T  L
N  M  L  T  K  A  W  C  D  K  T  D  I  H  T  Y  A
M  J  M  Z  M  W  G  E  Q  F  N  R  B  R  D  M  O  F
N  M  N  D  R  F  E  E  L  G  O  O  D  L  E  H  U  G
R  T  T  E  E  W  S  Y  K  C  I  T  S  S  R  G  N  W
X  Y  V  W  M  G  T  J  U  S  T  G  O  A  W  A  Y  W
L  I  V  E  D  T  A  T  U  O  H  S  L  F  R  G  J  D
```

AFRAID	KICKSTART	STICKYSWEET
ALLINEED	LIVEWIRE	SWEETHOME
BASTARD	MYHEART	WILDSIDE
DRFEELGOOD	NEWTATTOO	WITHOUTYOU
FALLINLOVE	PRIMALSCREAM	
GIRLSGIRLS	REDHOT	
INTHEDIRT	SHOUTATDEVIL	
JUSTGOAWAY	SOS	

METAL ARTISTS

```
F  F  P  S  T  O  R  M  B  E  A  S  T  T  J  M  M  M
C  R  T  N  L  Y  R  F  D  H  A  I  N  A  H  P  E  Z
L  D  R  H  O  X  Z  I  Y  X  C  Z  J  Q  T  K  P  X
I  R  N  L  R  N  C  L  R  V  U  L  T  U  R  E  L  B
F  E  L  G  M  I  P  Z  L  B  L  N  M  T  T  Q  L  G
F  G  K  R  E  M  T  O  R  X  R  D  L  K  C  Q  E  P
B  N  X  D  V  M  E  V  I  P  Y  U  D  D  Y  N  H  O
U  I  Y  T  M  K  K  H  H  N  K  G  L  D  K  T  E  W
R  F  S  R  R  R  D  A  T  H  T  K  E  T  T  E  S  E
T  E  M  H  D  E  W  K  T  N  T  G  I  B  T  N  I  R
O  V  A  F  T  K  M  L  L  Y  A  H  F  K  F  A  A  W
N  I  M  S  W  S  A  O  R  G  R  W  T  B  C  R  O
K  F  W  I  G  E  I  A  N  T  L  Z  E  L  K  I  Q  L
Y  E  N  R  D  N  N  E  T  T  T  L  H  W  K  O  K  F
N  D  N  N  M  T  R  R  H  G  I  M  L  N  T  U  L  D
M  K  S  E  T  A  G  R  E  T  S  Y  N  Y  S  S  J  X
Z  P  T  N  L  N  C  Z  Q  Y  A  K  D  Y  R  D  N  X
W  V  O  M  I  T  O  R  Y  K  K  N  Q  P  F  V  N  H
```

ANTHEM

ATHEIST

CLIFFBURTON

DEALTHKULT

DEICIDE

FIVEFINGER

HAWKWIND

HETFIELD

NEWSTED

NONPOINT

POWERWOLF

RAISEHELL

STORMBEAST

SYNYSTERGATES

TENACIOUSD

TREMONTI

TYRANT

VOMITORY

VULTURE

XYSMA

ZEPHANIAH

METAL ARTISTS

```
M  B  L  R  C  J  Z  T  M  Z  Q  D  N  U  O  S  N  U
P  M  N  N  A  S  O  M  I  R  C  A  L  D  X  D  D  U
I  Z  Z  E  L  T  M  R  R  N  Y  L  D  V  T  Q  Y  Y
T  T  K  L  L  Y  U  S  B  A  V  I  M  X  V  E  Z  R
C  T  D  A  B  F  K  T  W  Q  S  T  R  L  R  P  V  I
H  E  R  H  B  D  Z  L  W  A  B  T  R  T  L  A  V  N
S  C  N  N  P  D  F  Q  R  M  T  A  A  Q  N  G  G  F
H  H  X  A  T  M  D  M  M  O  N  H  K  D  T  N  L  L
I  N  I  V  N  R  O  E  D  Q  C  L  E  W  L  C  Q  A
F  I  K  L  R  N  P  O  A  G  C  N  H  T  G  V  N  M
T  N  Y  Z  I  N  Y  Y  T  D  P  R  J  A  R  Q  N  E
E  E  B  A  M  A  J  L  K  L  M  R  B  K  R  A  N  S
R  P  J  K  K  T  N  W  A  R  G  E  A  D  T  G  P  L
H  C  G  H  R  V  W  S  G  R  M  V  A  W  K  M  N  T
I  N  G  E  S  T  E  D  D  I  J  D  G  D  D  P  C  A
C  Y  T  Y  Q  M  J  R  D  F  W  Z  C  Q  O  N  X  X
K  Q  M  C  L  L  V  F  U  M  A  N  C  H  U  W  I  D
Q  F  R  E  E  D  O  M  C  A  L  L  C  R  L  Q  Y  M
```

ABSU	FUMANCHU	TECHNINE
ANGRA	INFLAMES	TRAPT
ATREYU	INGESTED	UNSOUND
ATTILA	KAYODOT	VANDENPLAS
DEADMEADOW	KIX	VANHALEN
DIMEBAG	LACRIMOSA	
DISARMONIA	MINDWARP	
FREEDOMCALL	PITCHSHIFTER	

METAL ARTISTS

```
N U S R E T N I W H S B A B M V P J
X W K T Y K S H K T V C M N F S C K
T R A W H T G E A M I N O D E J A P
V N A R H K H I G T T C R V X T N K
K L G L Z W N H S A I Q E P L N D K
G B L T T D P E I R K N N Z R U L X
E R L V H A J L Y G D R C M R O E L
X R Y Y V A R T L U H C A C H C M A
S M O L M N A I S L L S L D H Y A R
O H P M L S G T A L Q G P F K D S H
L W E M O T L E Y C R U E I X O S K
S T D Y K N R H L K H B T P R B L N
T G E E F C H C Y Z A Z P M R I L O
I L P R R D B T G V F W M X R J T K
C M M G R O T T I N G C H R I S T S
E T A N Q C L L D A L K Q L Z F M J
K J T I P L A G W V F L M V K X T C
Y L S N Q S R Y R P M N E V A E H V
```

ALTARIA
BODYCOUNT
CANDLEMASS
DARKAGES
FAITHNOMORE
HEAVEN
HIGHSPIRITS
INGREY

KONKHRA
MAJESTICA
MOTLEYCRUE
ROTTINGCHRIST
SALIVA
SATYRICON
SEVENDUST
SOLSTICE

STAMPEDE
STAIND
THWART
WINTERSUN

AMON AMARTH

```
H M B L O O D E A G L E G B N W R R
X V P X G R G P D K M C W N D A W E
G X I R M R D R O V Q L H P D S R T
P M K K J L A L G E O L T R M A J F
J Y L K I A N V R K D T M F Y T X I
R N S T G N P Z E F S I R B N O R H
A Y H S R L G F D N C R S K S R R S
I S A V C V A S N J S X E N K N T E
R A L F P L X N U K K F R N O Z L P
Y C L F L V R M H B J O L K F R D A
K R D S Y Z A W T R H W L I Z A I H
L I E M M R K N W E W Q Y M G B F S
A F S B C F I R S T K I L L T H L G
V I T H K V J I W K C T D R B W T M
M C R N D E A T H I N F I R E W M W
L E O T N R Z T P A G A N B L O O D
N K Y L L A W D L E I H S L N Q T B
W L R E R E D N A W M J O L N E R G
```

ASATOR	MARCH	SHIELDWALL
ASGAARD	MJOLNER	THUNDERGOD
BLOODEAGLE	PAGANBLOOD	VALKYRIA
DEATHINFIRE	RAISEHORNS	VIKINGS
FAFNERS	RAVENSFLIGHT	WANDERER
FIRSTKILL	SACRIFICE	
IRONSIDE	SHALLDESTROY	
LOKEFALLS	SHAPESHIFTER	

Puzzle #14

METAL ARTISTS

```
M V B K N H Z G N I Y D Y A L I S A
N K B P N T T R O N Z E R T N E R T
V N N O L A M X L M H C E A R T H Y
B R X Y K A T Z L G N O L A T T D K
N A N C D D F G R P R K E J G O H B
S L R J T A Y I H N Z N N R S N H T
N D R N E S M P K Z F F Y P T H V B
F X I L H R U T C T D C A T D B D A
B P Y S E M F D O Y H H V X T L H R
T L K A T W B D A M R C D Z H O M C
F O P B I R L N Q S A T U F H O L H
R E O N Q W E I T D C S M Z T D X E
R C D L R M R S H X L R H N Q R R N
Y I M T M N P T S P C C E A F O V E
R M Z V P T V R C T Z J D V A C N M
L X L T K B K O K M G W C N L K L Y
Q L F Q Z M E S H U G G A H T U E M
V C B P R E Y E H A T E G O D C W J
```

ARCHENEMY GRIMREAPER TOMASHAAKE

ASILAYDYING MESHUGGAH TOOL

BLOODROCK MUDVAYNE TRENTREZNOR

DAATH RHAPSODY ULVER

DISTRESS SADUS WINDIR

EARTH SAXON

EYEHATEGOD SORTSIND

FLYLEAF TALON

Puzzle #15

METAL ARTISTS

```
I  B  I  L  A  O  N  Z  L  I  N  S  O  M  N  I  U  M
R  H  N  P  Z  C  T  E  B  M  O  B  T  A  O  G  T  D
L  R  X  W  Y  K  G  T  B  K  K  K  B  J  C  Z  E  C
T  T  Q  R  P  N  G  A  M  M  A  R  A  Y  W  H  O  P
N  O  S  N  A  M  N  Y  L  I  R  A  M  A  S  N  T  J
H  F  W  K  R  R  Q  K  T  F  Y  T  L  A  Q  X  N  T
L  J  R  N  N  T  E  D  T  N  J  T  R  U  F  F  E  H
V  A  Y  K  S  G  N  W  Q  J  A  T  E  D  E  I  M  C
D  C  J  O  R  E  L  R  O  R  Q  R  A  R  A  R  A  I
J  Z  B  N  T  N  R  I  P  O  E  T  W  R  E  T  E
F  T  V  A  P  T  W  D  R  R  H  G  P  R  F  H  S  R
L  K  L  P  R  E  R  H  T  E  J  G  T  Q  A  O  E  D
H  T  T  P  J  A  R  O  N  G  Z  D  I  M  C  U  T  E
M  L  W  M  J  X  T  I  P  A  C  X  X  H  T  S  N  R
B  R  X  M  N  V  H  H  L  E  P  F  L  J  O  E  L  C
O  Q  T  L  G  C  M  W  R  O  K  A  C  V  R  T  W  A
Y  K  B  N  A  Z  D  H  W  U  U  I  J  V  Y  R  N  S
P  W  C  M  B  H  K  M  H  D  M  S  M  X  T  V  M  N
```

BARATHRUM
CONQUEROR
DARKANGEL
FEARFACTORY
FIREHOUSE
GAMMARAY
GOATBOMB
HIGHPOWER

INSOMNIUM
MACHINEHEAD
MARILYNMANSON
MIKEPORTNOY
NOALIBI
PERILOUS
SACREDREICH
TESTAMENT

TOWNSEND
TRASHED
WALTARI
XJAPAN
YOB

Puzzle #16

METAL ARTISTS

```
L  R  G  H  V  N  D  O  Y  H  C  N  U  A  R  L  H  C
S  M  W  K  N  I  W  D  M  C  Z  Y  L  Q  O  D  N  Y
R  O  M  R  N  F  T  R  P  V  A  Q  L  N  M  L  T  E
E  M  U  E  B  T  T  A  T  D  K  R  E  H  N  G  L  R
I  I  K  L  R  L  G  B  L  N  G  S  C  F  R  C  M  G
F  Z  C  T  D  C  G  M  D  R  T  L  G  O  L  Q  E  R
I  M  H  T  H  E  I  O  P  A  E  R  N  N  E  G  N  E
T  O  E  K  M  X  M  L  R  L  D  M  A  P  A  H  M  V
S  R  L  R  V  B  M  I  E  P  M  M  A  T  W  P  T  E
Y  R  S  R  K  N  N  W  S  S  D  R  A  I  W  Q  D  Q
M  R  E  S  Z  N  G  F  H  E  S  V  L  R  N  O  T  P
L  E  A  C  I  B  N  O  I  L  A  J  H  K  G  S  H  Y
B  D  G  V  K  K  S  R  B  S  T  B  M  I  N  V  Y  M
V  S  R  K  Z  T  F  D  Y  H  B  G  M  M  W  F  Z  R
M  H  I  J  I  Q  N  S  A  D  L  E  G  E  N  D  K  Y
G  O  N  L  Q  K  X  V  Z  M  D  L  Q  K  K  D  N  X
L  R  E  G  M  Q  L  N  Z  N  A  T  Y  T  K  R  T  N
B  E  L  F  R  O  S  T  P  S  I  N  A  T  E  G  N  Y
```

BELFROST

CHELSEAGRIN

DEMIGOD

EVERGREY

FRIEDMAN

HOSTILE

KISS

LOMBARDO

LONESTAR

MERCILESS

MIZMOR

MYSTIFIER

RAUNCHY

REDSHORE

SADLEGEND

SAVATAGE

SINATE

SOULDEMISE

THEOCRACY

TYTAN

VITALREMAINS

Puzzle #17

MEGADETH

```
S O F A R S O G O O D R N F L Z X C
L E L K T O R N A D O O F S O U L S
B K M F B M N R M X W X T G N D G N
C L W A N M A Y H H I R F P V Z J L
M R A W G G M C E N U V D Z Q F E Y
G E W C N D P N A S S Y A B R H D K
O T H A K F N H T V Y L E K U Y N H
O N H S P F C E K W M D D J O A O L
D T H R U E R H M X P L P G H D M D
M X L A M R A I M Z H B U M T G E C
O L Q W R D C C D L O N E J S N L K
U M B Y M Y R P E A N J K L E I T M
R N F L O W E H S S Y Q A D K N U T
N L N O L B R V Z V E M W T R O O P
I K R H T Y D H T J K L N R A K T N
N E C A E P N I T S U R L H D C A Y
G R F I V E M A G I C S Q S N E W N
M Y L A S T W O R D S J N D K R T H
```

ATOUTLEMONDE	HOLYWARS	SYMPHONY
BLACKFRIDAY	MECHANIX	TORNADOOFSOULS
CRUSHEM	MYLASTWORDS	TRUST
DARKESTHOUR	PEACESELLS	WAKEUPDEAD
ENDGAME	RECKONINGDAY	WHEN
FIVEMAGICS	RUSTINPEACE	
GOODMOURNING	SHEWOLF	
HANGAR	SOFARSOGOOD	

METALLICA

```
H S K N W M U B L A K C A L B T O J
I F A D E T O B L A C K F R P R R Y
T U F D L V Z K D R H F M Q E D I D
T L C R B L I T E B R Y Q G R Z O E
H U G R F U T G G S L K N C A Z N M
E T L Y E T T D R L C A K T T T S M
L K Q L B E L T Q O T A L W E M E A
I F K H L L P Y R S F A P R D F E S
G O M Y R A R I D U S N S E E V K T
H L V T G E M E N R E A U T R N N E
T L T X T M N E I G N K F T I J D R
S A X T C E M S L D D T C T W L E P
R C A G K N E N M L R E N T D T S U
Y B B C N O L A W L I R A M R K T P
M D A F T H N G V D G K J T A T R P
M L M O T O R B R E A T H R H R O E
B N E M E S R O H R U O F Y T M Y T
C R H J U S T I C E F O R A L L D S
```

ATLASRISE

BATTERY

BLACKALBUM

BLACKENED

CALLOFKTULU

CREEPINGDEATH

ENTERSANDMAN

ESCAPE

FADETOBLACK

FOURHORSEMEN

HARDWIRED

HITTHELIGHTS

JUSTICEFORALL

KILLEMALL

MASTERPUPPETS

MOTORBREATH

ONE

ORION

SADBUTTRUE

SEEKNDESTROY

STANGER

UNFORGIVEN

METAL ARTISTS

```
F  G  N  I  N  O  M  M  U  S  R  K  S  R  A  W  W  N
R  A  I  N  T  I  M  E  D  X  R  F  U  L  S  R  Q  W
F  U  R  I  O  U  S  P  L  A  L  R  R  Q  O  V  W  H
T  Y  Y  L  K  N  V  T  A  O  E  M  I  B  R  K  R  T
T  E  K  R  N  K  B  M  W  G  V  H  V  J  B  T  V  X
K  A  T  H  S  U  B  R  O  M  A  N  T  M  U  B  Z  E
V  R  L  R  K  J  E  F  C  R  M  N  W  E  S  V  C  R
T  S  W  X  N  H  M  K  W  N  P  H  A  Q  K  N  H  Z
K  H  Q  B  T  K  O  C  V  M  Y  Q  R  L  E  C  M  Z
D  O  J  A  G  B  C  E  G  V  R  Z  R  C  T  Z  U  K
X  T  E  V  R  L  E  B  P  A  S  G  S  B  Y  A  T  B
H  L  P  W  V  Q  A  F  M  Z  R  E  N  M  B  K  R  M
H  H  M  M  T  D  N  F  H  G  N  Y  M  F  G  B  B  M
T  J  K  R  G  S  O  E  X  A  T  E  H  E  Z  L  N  M
J  N  D  M  T  K  T  J  V  L  L  C  L  O  L  T  N  Y
L  P  T  R  V  K  T  E  P  P  L  R  T  B  L  I  K  Y
M  N  A  D  X  D  E  E  P  P  U  R  P  L  E  T  N  L
C  Y  W  K  V  P  W  O  D  I  W  K  C  A  L  B  V  X
```

BLACKWIDOW	JEFFBECK	STRAY
BUCKETHEAD	LEATHERWOLF	SUBROSA
DEEPPURPLE	LEMMY	SUMMONING
DGM	MORBUS	VAMPYRS
EARSHOT	NILE	VIRUS
EVANESCENCE	OCEANO	
FURIOUS	PAGANALTAR	
GARYHOLT	RAINTIME	

RAGE AGAINST THE MACHINE

```
Y  B  W  M  W  S  E  R  I  F  N  I  P  E  E  L  S  R
Y  J  Q  K  A  E  W  N  R  K  M  K  M  C  R  Y  M  X
K  R  Z  L  K  D  H  W  G  X  C  A  T  D  C  W  V  H
A  Y  P  H  E  A  K  F  J  J  N  A  F  F  T  T  O  M
L  D  R  N  U  G  N  L  R  E  L  L  R  E  H  E  R  X
L  A  E  L  P  E  I  G  H  E  X  B  S  T  D  W  S  Y
I  E  V  R  B  N  G  T  T  L  E  T  R  O  B  S  Z  W
R  H  L  M  V  E  N  V  Y  B  I  D  R  M  E  M  G  N
R  N  O  Z  I  R  I  C  W  F  X  N  O  N  A  M  O  M
E  I  V  W  E  Q  L  N  Y  B  W  K  K  M  J  R  F  B
U  T  E  F  T  T  L  K  R  O  D  R  L  L  H  P  I  V
G  E  R  R  N  M  I  O  D  Y  A  T  P  K  R  T  L  A
C  L  J  M  O  N  K  D  F  D  W  Z  Q  V  M  T  M  L
C  L  X  F  W  E  L  E  E  T  S  F  O  T  S  I  F  K
J  U  T  D  N  R  W  J  N  B  F  M  K  M  C  F  T  M
T  B  D  M  R  B  U  L  L  S  O  N  P  A  R  A  D  E
Y  N  A  K  V  Q  N  C  P  I  S  T  O  L  G  R  I  P
Z  N  N  O  S  H  E  L  T  E  R  V  C  Y  T  L  R  N
```

BOMBTRACK	GUERRILLA	TESTIFY
BROKENMAN	KILLINGIN	THENAME
BULLETINHEAD	MARIA	VIETNOW
BULLSONPARADE	NOSHELTER	WAKEUP
DARKNESS	PISTOLGRIP	
DOWNRODEO	RENEGADES	
FISTOFSTEEL	REVOLVER	
FREEDOM	SLEEPINFIRE	

MORBID ANGEL

```
I  M  M  O  R  T  A  L  R  I  T  E  C  R  F  N  D  M
S  L  L  E  P  S  L  I  V  E  N  P  Z  J  E  E  M  W
D  V  N  L  K  G  Q  F  C  X  E  J  P  D  S  S  W  L
W  U  O  N  X  T  A  L  N  B  M  L  S  O  R  L  Y  E
K  Z  I  O  N  F  V  N  R  M  R  N  L  Q  G  I  Y  T
L  A  T  T  A  I  Z  M  C  W  O  A  T  M  K  M  V  A
W  W  A  H  S  B  H  F  G  I  T  W  T  W  C  E  S  N
W  A  C  I  D  B  O  N  L  E  E  R  Z  T  R  L  T  I
H  K  O  N  G  I  N  M  C  R  Z  N  R  L  U  I  M  M
O  N  F  G  N  N  B  T  I  R  A  D  T  O  G  V  P  O
S  J  F  I  I  R  I  R  W  N  M  P  H  O  N  E  M  D
L  B  U  S  N  K  V  T  O  V  A  G  T  V  N  S  W  J
E  T  S  N  E  N  K  M  L  M  L  T  P  U  K  E  Y  D
E  K  X  O  K  Q  F  W  Y  E  M  Q  I  B  R  N  S  Q
P  X  M  T  A  N  T  G  P  D  M  A  J  O  M  E  J  Z
S  H  B  Y  W  R  N  A  E  N  I  V  I  D  N  I  A  P
W  Z  T  N  A  L  H  Z  N  R  X  L  P  Q  L  S  T  K
W  Y  B  C  T  C  G  K  G  D  A  M  N  A  T  I  O  N
```

ABOMINATIONS	IAMMORBID	RAPTURE
ANCIENTONES	IMMORTALRITE	SLIMELIVES
AWAKENING	KAWAZU	SUFFOCATION
CHAPELGHOULS	LIONSDEN	VISIONS
DAMNATION	MAZETORMENT	WHOSLEEPS
DESOLATE	MELTING	
DOMINATE	NOTHINGISNOT	
EVILSPELLS	PAINDIVINE	

METAL ARTISTS

```
T K Y Z Z I L N I H T R T H X C H G
W L D M K W T L S T T Q F W L O F L
B C I B M P K N C U G Q M J Z R K P
M Q T H X J P H H D N M B L V E W K
M G A C I X T K C L F I O L X Y K V
O N R Q B N L K Q H M Q M L R T B J
U D C D C D F R G J E M Y O T A X K
N A L P H A W O L F R V C Q D Y M H
T L E K E X C C R O N K E G X L P C
A M V L K R B X T E G R K L Y O D O
I H I W O R M S Y O V L W R L R E L
N V K W R J E L D X G I G F M E E L
L N B T J L N D Z G K T R X B F R A
R A F M A E E L R L M D G R Z C B G
R M M N V S M W A R L O C K N G E A
N K K A S M K H L T Q L N T F M T C
R M E T N O I T C U R T S E D N A Z
Q H F I N Q U I S I T I O N K L H C
```

AGALLOCH
ALESTORM
ALPHAWOLF
CHEVELLE
COREYTAYLOR
CROWBAR
DESTRUCTION
DOMINUS

HATEBREED
HEAVENLY
INQUISITION
MOL
MOUNTAIN
RIVEROFNIHIL
ROCKGODDESS
THINLIZZY

VELCRA
VILE
WARLOCK

SEPULTURA

```
B L K Y M A S S H Y P N O S I S R T
I N N E R S E L F W T V Q Z B A S Q
P R O P A G A N D A F N W T T I C D
K V A T I C A N N N R K G A S U S J
A N Z Q D S M T J C Y B M E T O V F
R R M U R T C E P S N A R T R S Q Y
J D I D P O K W J Y H E H I T E T R
I T K S F O Q H W A S R A F Y P S C
S E Y Q E R J D T U O K Y Y X U W E
O R D T M Y J T F A T K L N B L O T
L R T A H D A E T M Q N O D T N R A
A I B J S O R K M M K D B K B A N R
T T F Y M O O D F O S P O O R T O E
I O G M V L A T K V H R T T Z I A P
O R K B J B H H Z X N Y O T M O T S
N Y Y T F T T B C F M Y M M L N H E
A T T I T U D E Y P G X Y D K L N D
H M L F K W S L A V E S O F P A I N
```

ARISE
ATTITUDE
BLOODYROOTS
CHAOSAD
CUTTHROAT
DESPERATECRY
INNERSELF
ISOLATION

KAIROS
LOBOTOMY
MASSHYPNOSIS
PROPAGANDA
RATAMAHATTA
REFUSERESIST
SEPULNATION
SLAVESOFPAIN

SPECTRUM
SWORNOATH
TERRITORY
TROOPSOFDOOM
VATICAN

METAL ARTISTS

```
F  Y  D  J  A  C  R  I  M  O  N  Y  R  V  H  T  N  R
G  M  Z  O  Z  R  N  Y  N  O  M  E  D  Y  A  T  H  K
Z  O  L  D  V  M  P  T  M  F  K  M  J  C  V  K  H  R
L  O  D  Q  J  I  H  M  X  R  R  N  I  S  V  K  R  T
Q  N  G  H  Y  W  O  T  L  K  J  T  I  C  G  G  F  I
Y  S  N  Q  E  M  R  V  Z  B  P  S  K  M  H  L  R  K
K  O  S  L  J  A  J  N  B  Y  O  R  K  V  O  P  N  C
L  R  A  X  K  M  D  K  L  L  N  R  B  T  S  E  H  O
E  R  M  F  Y  S  K  A  Y  L  Z  C  S  F  T  C  A  R
S  O  O  W  E  N  C  S  M  M  E  A  D  R  B  N  L  Z
R  W  T  A  K  O  O  N  N  D  M  P  P  Z  A  E  E  A
O  P  N  M  P  B  L  H  E  T  M  F  M  Q  T  L  S  A
H  C  A  A  R  D  D  W  P  B  R  N  N  E  H  I  T  L
E  N  F  N  N  P  A  L  Y  M  U  W  D  Y  T  T  O  B
L  N  Z  F  T  R  E  N  R  P  Y  L  Y  X  L  S  R  C
A  L  R  V  N  T  D  R  N  H  N  S  O  W  T  E  M  L
P  L  E  P  A  H  C  E  T  I  H  W  G  U  Y  P  R  K
O  C  E  A  N  H  O  A  R  S  E  T  X  J  S  T  M  J
```

ACRIMONY	HALESTORM	SYLOSIS
APOCALYPTICA	LAAZROCKIT	SYMPHONYX
DEADLOCK	MOONSORROW	TEMPEL
DEMON	NEBULOUS	VOIVOD
FANTOMAS	OCEANHOARSE	WHITECHAPEL
FLOTSAM	PALEHORSE	
GHOSTBATH	PESTILENCE	
GODHEAD	SEANCE	

METAL ARTISTS

```
W  G  R  X  B  M  G  V  C  L  G  L  R  P  N  W  Z  Q
K  H  Y  T  H  E  G  U  N  T  A  K  H  N  M  P  T  R
N  L  I  N  R  K  R  L  M  N  Y  T  X  L  E  W  L  E
B  J  T  T  D  K  M  R  Q  M  Y  N  R  Q  P  H  N  W
T  Y  R  O  E  H  T  K  C  A  L  B  U  O  J  C  B  O
V  L  W  D  H  Z  M  Q  Z  R  B  I  N  T  P  R  M  R
Z  O  N  L  G  A  O  N  L  V  L  M  O  D  Z  U  Y  H
T  V  N  A  M  X  V  M  L  I  H  G  T  Z  H  H  Q  T
I  E  O  M  J  T  Z  O  B  L  P  Q  P  T  K  C  S  T
L  B  T  B  H  X  R  R  K  I  G  V  I  H  Z  L  A  L
B  I  T  O  L  T  I  J  R  S  E  O  T  T  Y  A  R  O
Y  T  A  F  Z  U  M  O  N  P  R  W  N  T  Y  T  C  B
A  E  P  G  M  H  T  U  B  I  Y  B  N  H  R  E  O  P
M  S  E  O  C  K  G  R  G  W  Z  Q  E  Q  L  M  F  L
M  L  K  D  E  A  R  I  Q  X  Z  F  L  F  A  Z  A  M
M  C  I  V  L  J  N  R  T  R  O  F  G  X  V  T  G  K
D  X  M  C  A  T  H  E  D  R  A  L  V  C  A  V  O  K
W  R  K  T  Y  Q  Y  R  T  S  I  N  I  M  C  F  T  D
```

BLACKTHEORY	LAMBOFGOD	PORTAL
BOLTTHROWER	LOVEBITES	SARCOFAGO
CATHEDRAL	MAYBLITZ	THEGUN
CAVALRY	METALCHURCH	VEKTOR
EQUILIBRIUM	MIKEPATTON	WHITEZOMBIE
GLENNTIPTON	MINISTRY	
HAVOK	ORIGIN	
LAGUNS	OZZY	

AVENGED SEVENFOLD

```
L R R T B C K D R E H P E H S A F R
E T D N E E N K C M W R R C T L A A
S E N G T V A A B T A L G M Y L R W
E G R M Q R I S Z M M K L R M E U S
I Z K F J M P L T N P P W O D X O N
Z S C L E G Q H A N K G S Y P C F A
E O B V L M G M C D H T B R V E R E
T F T F T I T A J M E A L Y T S E M
H A Z H N X R E A A F I R H N S T J
E R J G E R B D S R I T R L T R P W
D A F W Y S H Y R M L R K U O P A F
A W T O K A T T B J R M F Q B T H B
Y A N C T T Q A C X E P Y Z G N C X
M Y Y T F B L N G Q T D E A R G O D
B Z E N R Z L W P E F C P L N M T G
G R E M E V A S H N A N M A D D O G
N Q T X T T K D C I T Y O F E V I L
Y B A T C O U N T R Y X K Y N H N J
```

AFTERLIFE	CITYOFEVIL	SEIZETHEDAY
ALLEXCESS	DEARGOD	SETMEFREE
ALMOSTEASY	GODDAMN	SHEPHERD
BATCOUNTRY	MADHATTER	SOFARAWAY
BEASTNHARLOT	MEANSWAR	THESTAGE
BURIEDALIVE	MIA	
CARRYON	NIGHTMARE	
CHAPTERFOUR	SAVEME	

ALICE IN CHAINS

```
M  D  R  I  A  H  C  Y  R  G  N  A  C  R  M  H  V  D
K  K  N  P  J  S  X  M  T  J  R  F  F  A  G  A  I  N
R  W  G  U  R  M  E  N  V  E  A  L  R  T  F  G  G  T
E  L  T  H  T  L  L  S  T  R  N  K  G  M  L  B  H  T
V  X  Q  T  R  S  X  A  U  N  V  N  L  N  X  E  E  B
I  E  B  W  M  T  H  N  L  C  C  C  M  O  M  Y  D  Y
R  I  S  N  J  E  D  E  L  K  X  B  B  B  H  D  A  G
T  D  E  D  V  E  Y  D  L  V  W  E  O  M  A  N  F  V
A  I  I  O  R  D  R  O  N  L  H  N  O  E  Q  X  R  Y
H  N  L  N  Q  L  F  W  J  T  E  B  H  N  T  V  E  A
T  E  F  T  M  U  M  N  N  S  M  K  B  T  Z  K  V  W
M  H  F  F  W  O  F  I  F  G  N  P  G  P  F  F  E  A
A  W  O  O  R  W  N  N  D  U  M  Y  B  R  A  I  N  Y
D  N  R  L  D  A  J  A  J  I  R  O  O  S  T  E  R  A
H  I  A  L  M  K  M  H  Z  L  R  N  Q  J  K  G  L  T
L  A  J  O  K  R  N  O  M  T  L  T  M  X  V  F  J  S
T  R  Q  W  W  R  E  L  P  P  A  N  E  T  T  O  R  I
L  H  M  W  E  D  I  E  Y  O  U  N  G  B  T  K  W  T
```

AGAIN	JAROFFLIES	RAINWHENIDIE
ANGRYCHAIR	JUNKHEAD	ROOSTER
DAMTHATRIVER	LOVEHATE	ROTTENAPPLE
DIRT	MANINTHEBOX	THEMBONES
DONTFOLLOW	MYBRAIN	WEDIEYOUNG
DOWNINAHOLE	NEVERFADE	WOULD
FARUNDER	NOEXCUSES	
ISTAYAWAY	NUTSHELL	

Puzzle #28

DEEP PURPLE

```
G  N  I  K  D  E  E  P  S  Y  A  W  A  L  I  A  S  F
K  D  S  G  Y  P  S  Y  K  I  S  S  K  W  H  W  T  G
V  E  T  X  F  V  X  L  E  V  L  C  Q  M  M  N  T  Q
X  T  O  C  N  J  N  L  M  K  M  L  M  R  T  M  V  F
T  A  R  Z  Z  Z  H  C  I  G  C  A  A  B  B  R  Y  D
N  E  M  M  T  B  G  P  T  K  D  U  X  B  A  G  A  K
V  R  B  L  M  C  G  D  N  E  F  R  L  T  E  E  L  K
R  T  R  B  Z  X  L  E  I  P  Y  J  S  Y  H  R  E  C
B  S  I  Q  U  A  G  N  D  T  K  Y  Y  E  D  Y  I  W
L  I  N  X  Z  R  J  N  L  U  A  N  N  B  E  A  P  F
A  M  G  Y  K  A  N  W  I  W  T  I  B  S  H  R  L  H
C  Y  E  R  P  P  B  P  H  G  H  I  N  H  S  U  H  M
K  M  R  A  F  R  K  G  C  C  M  O  T  R  W  T  K  A
N  N  N  G  R  M  I  Q  A  J  M  L  H  T  O  J  L  L
I  Z  K  H  T  H  L  M  M  E  H  L  C  F  A  C  M  D
G  Z  G  V  W  R  T  M  D  L  V  M  Q  K  W  D  K  E
H  X  R  S  P  A  C  E  T  R  U  C  K  I  N  K  A  B
T  S  M  O  K  E  O  N  W  A  T  E  R  C  H  D  P  B
```

BADATTITUDE	HIGHWAYSTAR	SAILAWAY
BEDLAM	HUSH	SMOKEONWATER
BLACKNIGHT	INROCK	SPACETRUCKIN
BURN	LADYLUCK	SPEEDKING
CHILDINTIME	LAZY	STORMBRINGER
DEMONSEYE	MACHINEHEAD	
FIREBALL	MADEINJAPAN	
GYPSYKISS	MISTREATED	

GOJIRA

```
M  X  T  H  E  V  O  L  V  R  C  C  G  G  M  T  N  L
T  H  E  C  E  L  L  A  Z  L  R  S  D  N  E  N  E  M
H  L  N  L  R  N  C  K  O  D  E  E  K  I  M  G  R  J
E  E  T  M  I  U  B  N  R  L  D  E  R  Y  I  K  I  C
L  N  C  K  I  Z  E  K  A  N  C  C  T  D  T  J  F  N
I  F  B  T  C  Z  A  H  A  Q  C  N  Y  F  E  N  D  B
N  A  Y  K  R  G  W  R  L  A  W  A  W  O  C  M  I  O
K  N  A  K  T  G  T  L  D  Z  R  R  Z  T  A  Q  U  R
N  T  X  M  N  S  A  T  A  S  Y  E  N  R  P  P  Q  N
M  B  X  I  G  F  B  I  K  X  K  V  V  A  S  L  I  I
N  J  Y  L  E  A  S  A  C  Z  T  I  L  L  W  P  L  N
C  L  W  H  N  O  M  M  C  K  N  L  N  J  I  R  M  W
F  G  T  N  L  M  K  Y  K  K  R  E  H  D  K  S  T  I
L  F  X  P  B  T  N  Z  K  W  B  D  Z  P  K  D  B  N
R  M  X  G  C  V  N  G  I  F  T  O  F  G  U  I  L  T
C  E  N  I  A  P  Y  L  N  O  D  F  N  M  H  D  J  E
Q  L  Q  T  S  U  R  O  B  O  R  O  R  E  K  N  M  R
H  O  C  E  A  N  P  L  A  N  E  T  B  R  X  W  R  W
```

ARTOFDYING	LENFANT	SILVERA
BACKBONE	LIQUIDFIRE	SPACETIME
BORNINWINTER	LIZARDSKIN	STRANDED
CLONE	LOVE	THECELL
DELIVERANCE	MAGMA	THEFALL
EXPLOSIA	OCEANPLANET	THELINK
FLYINGWHALES	ONLYPAIN	VACUITY
GIFTOFGUILT	OROBORUS	

ROB ZOMBIE

```
R D K T G Q F M T H E C R E E P E R
J F K Y P U S S Y L I Q U O R D W L
D I O N O M E D U M K T V R T E C I
G W G H M K C Z V P Y G E X M A B V
P O G X R Z A H Y T E T D E P D L I
O H M T J C L K R X L R R M R C H N
T S Q L L L U M N E O I B R T I T G
S K J C T K G J K L F F K E R T B D
R O P W F P A S B N H M Y O A Y M E
E O L Y J R R H O U R G N X Q S K A
V P T W L E D L J W B H I T O Z T D
E S H D T B R N R R E B J H L F G J
N A Q L M I M V N A Y M L D T N L J
T X E U G C K H D G K L T E B E B N
R H N K I N G F R E A K P Y G Q G Z
M O Y Z R T L K K N J T R N V U M R
S T D T C E J E R L I V E D Q L M R
R M R D D B V M P O T K C A L B B T
```

BLACKTOP
BUBBLEGUM
DEADCITY
DEMONOID
DEVILREJECT
DRAGULA
FOXYFOXY
GETHIGH

GIRLONFIRE
HELTERSKELTER
IRONHEAD
KINGFREAK
LIVINGDEAD
NEVERSTOP
PUSSYLIQUOR
SONUMB

SPOOKSHOW
SUPERBEAST
THECREEPER
WHAT

TOOL

```
L  B  O  T  T  O  M  T  E  M  P  E  S  T  L  H  V  B
W  O  T  R  E  D  N  U  P  Q  P  V  T  Y  I  J  X  T
T  O  P  E  H  T  G  D  F  T  M  C  M  X  B  N  S  S
E  F  M  G  F  F  F  R  I  L  Z  M  K  X  M  N  U  I
T  L  A  Y  N  V  N  E  D  S  I  L  R  D  A  N  L  F
M  D  B  M  G  N  T  K  A  J  P  H  N  L  J  F  A  K
T  P  C  I  I  V  I  C  A  R  I  O  U  S  O  M  R  N
H  R  A  N  C  N  T  V  L  K  I  K  S  R  M  L  E  I
E  F  X  R  Q  N  E  R  N  Z  R  N  T  I  Y  L  T  T
G  C  N  G  A  C  I  A  N  K  M  Y  O  T  T  B  A  S
R  T  R  N  Y  B  T  V  B  M  S  X  H  C  M  I  L  C
U  R  K  C  E  L  O  X  N  I  N  I  L  K  U  Q  O  B
D  K  B  Y  K  T  M  L  X  I  R  J  Y  R  R  L  M  N
G  Q  R  Y  R  S  A  N  A  D  G  G  S  R  J  M  U  F
E  J  T  K  I  J  T  I  E  F  O  M  O  Y  M  R  G  M
K  B  G  H  H  W  V  Y  P  L  H  L  B  N  V  T  M  J
D  X  C  W  O  C  E  K  U  O  W  L  E  N  J  Y  R  F
Q  S  G  N  I  D  N  E  C  S  E  D  R  B  L  V  L  R
```

AENIMA	JAMBI	TEMPEST
BOTTOM	JIMMY	THEGRUDGE
DESCENDING	LATERALUS	THEPOT
DISPOSITION	OPIATE	THIRDEYE
EULOGY	PARABOLA	UNDERTOW
FEARINOCULUM	SCHISM	VICARIOUS
FORTYSIXNTWO	SOBER	
INVINCIBLE	STINKFIST	

HELLOWEEN

```
J E Y W X N M J X D D R V H F X Y F
N M H L E H T S P R T T X N N Z Y U
G I T A Q B A G N S U Q G X U M T T
T T J N L V U K F T O Y R L S Y K U
H F G F A L R R L E T M T T G C D R
E O Y G B M O M N I N X R C N F R E
R H E T J Z J W M N A M E C I C E W
I C K Q R K G T E R W D L N N E D O
G R H L R C G Z I E I S C X R Y Z R
H A Z W L Q K D Z N V A F U Y M L
T M R S E V E N K E Y S Y D B N Y D
M Z C Q L T R R D P B L N V U H Y V
N J T J H E A Q N R F T G X W J B T
J Y Z E W D T M B E N A B A T A E A
R Y S O W L N M L N B H L K F J L J
R K P T Z L B G J D N R U T R U O Y
Y P Y F L V A N L W S R E D A V N I
R Q T J M E Y L F D L U O C I F I R
```

BURNINGSUN
DARKRIDE
DRSTEIN
EAGLEFLYFREE
FUTUREWORLD
HALLOWEEN
IFICOULDFLY
INVADERS

IWANTOUT
JUDAS
MARCHOFTIME
NABATAEA
POWER
RIDETHESKY
SAVAGE
SEVENKEYS

THERIGHT
WEBURN
YOURTURN

METAL ARTISTS

```
E  M  C  N  L  K  W  K  W  O  R  R  O  S  E  H  T  T
T  G  W  M  J  C  O  M  P  O  S  M  E  N  T  I  S  A
K  S  E  N  K  R  R  R  J  S  R  T  N  P  H  K  N  Q
B  U  F  L  L  D  Y  F  J  L  J  N  T  C  W  V  H  L
J  O  N  M  I  R  R  K  Q  E  S  M  F  V  I  Z  T  X
X  R  V  G  N  T  P  H  K  E  K  O  M  L  X  N  E  D
X  P  G  N  G  L  R  N  K  P  M  N  I  L  K  F  T  E
P  E  N  J  Y  M  G  O  S  Y  W  B  H  L  I  R  K  A
M  L  H  K  K  K  K  P  S  T  M  T  T  R  L  O  B  T
D  R  A  C  O  N  I  A  N  I  I  W  T  Y  H  O  G  H
N  D  W  R  R  N  M  N  G  M  S  S  V  T  N  M  O  S
N  L  M  M  A  R  T  B  S  E  V  U  O  J  K  K  O  P
J  M  H  L  N  F  N  N  R  S  N  O  S  N  L  R  D  E
X  Z  T  T  G  J  A  P  R  I  T  T  A  P  D  A  G  L
L  A  C  R  A  I  W  W  N  R  F  T  K  L  E  D  O  L
P  D  K  L  R  R  V  X  A  O  P  K  J  M  F  R  D  N
R  C  H  D  K  G  Y  E  K  B  C  N  R  J  J  G  I  K
G  Z  A  P  T  N  B  M  C  I  M  E  N  M  W  L  T  A
```

ADRIANSMITH	GOODGOD	SPINALTAP
ANVIL	LEPROUS	STRIFE
BEARTOOTH	MNEMIC	SUSPERIA
BORIS	MYRATH	TANK
COMPOSMENTIS	RAGNAROK	THESORROW
DARKMOOR	SLEEPYTIME	
DEATHSPELL	SOIL	
DRACONIAN	SORTILEGE	

METAL ARTISTS

```
T  N  C  S  I  R  R  A  H  E  V  E  T  S  Y  J  W  N
N  V  D  O  M  Z  K  J  W  W  F  N  T  G  X  T  F  I
T  A  N  T  R  I  C  Y  O  Z  P  Y  L  D  R  K  P  N
Y  N  J  L  T  O  K  R  M  S  Y  L  K  A  T  A  K  T
K  H  E  L  M  E  T  F  H  D  K  R  X  V  Y  T  H  H
P  P  L  P  H  I  N  T  B  R  J  T  H  K  N  E  Z  E
A  Z  H  R  N  W  I  E  E  Q  L  K  K  E  R  L  H  W
N  T  H  R  H  G  G  T  L  D  T  T  V  I  Z  K  B  O
T  H  X  Z  M  T  H  A  T  Z  K  D  O  T  K  C  B  O
E  N  F  L  T  H  T  F  R  R  N  N  Y  G  U  F  Q  D
R  T  S  T  L  K  W  L  W  I  Y  R  Q  G  F  F  V  S
A  T  S  L  R  L  I  U  M  L  A  H  J  L  H  T  O  H
N  O  A  L  U  X  S  F  X  U  J  L  T  W  R  H  I  V
W  R  P  Q  P  O  H  Y  T  H  C  B  L  A  T  M  H  J
X  M  S  B  L  B  S  C  V  L  A  D  T  E  P  E  S  J
B  R  E  X  M  V  N  R  E  V  I  E  C  E  D  M  F  X
R  O  R  M  B  A  T  E  U  N  W  Z  K  N  J  M  Y  C
M  W  T  Q  S  W  X  M  D  O  T  L  J  T  T  R  G  S
```

COROTTED	NIGHTWISH	THERION
DECEIVER	NITRO	TRESPASS
HELMET	OURSOULS	UFO
HIM	PANTERA	VLADTEPES
INTHEWOODS	SANCTUARY	WORMROT
KATAKLYSM	STEVEHARRIS	
MERCYFULFATE	SYMPATHY	
MINDVENT	TANTRIC	

METAL THEMES AND TERMS

```
B  L  R  B  R  T  R  I  F  F  R  X  T  R  X  T  X  G
A  R  M  W  E  G  U  I  T  A  R  N  S  M  X  T  X  J
S  V  L  X  L  R  D  L  B  R  C  H  R  H  L  T  M  D
S  Z  K  G  I  Y  V  S  A  G  I  M  C  T  R  Y  X  A
C  W  K  B  G  F  O  Q  K  Y  K  H  B  R  T  E  T  E
L  L  K  R  I  L  D  R  L  C  A  Z  S  H  R  R  D  H
T  P  G  Q  O  H  C  L  Q  G  B  R  O  D  R  A  Z  L
R  H  X  L  N  O  O  L  M  X  G  L  T  P  N  W  W  A
E  H  X  W  J  R  Q  K  K  I  O  F  O  E  B  A  Z  T
C  X  Q  H  N  N  J  B  G  G  X  W  N  N  B  G  B  E
N  N  Z  K  E  S  P  C  Y  L  E  G  K  Z  L  M  R  M
O  T  C  J  Y  L  J  T  F  R  N  C  Q  L  D  R  R  M
C  O  T  K  V  H  L  Q  C  A  N  X  M  D  K  K  M  M
R  J  R  T  M  D  D  H  B  K  D  Z  R  O  R  R  O  H
R  T  R  J  C  Z  O  D  M  N  N  C  H  N  U  J  K
Q  J  K  H  L  R  A  O  C  C  U  L  T  X  L  Y  M  Q
R  D  K  L  D  E  R  R  N  T  T  I  P  H  S  O  M  S
N  M  D  H  H  N  X  R  E  I  F  I  L  P  M  A  T  J
```

AMPLIFIER	HEADBANG	POWERCHORD
BANDSHIRT	HELL	RELIGION
BASS	HORNS	RIFF
BETRAYAL	HORROR	ROCKNROLL
CONCERT	METALHEAD	SHRED
DRUMS	MOSHPIT	SOLO
GIG	MYTHOLOGY	WAR
GUITAR	OCCULT	

MACHINE HEAD

```
D A R K N E S S B U L L D O Z E R M
J N N S I S R A H T A C B B B K Q B
J N D S D R A T S A B C T K H L E R
D A V I D I A N L L Q S O Z K S L B
H N T L M R H X K P U Q R L T V F L
K K J L V A J H D C D M C I D N E O
L B B L L K B Q O C C N L D F L B C
F G U O K K W L O M V L C N I H W K
T M R L P Z X J R L U Q Y T D F G S
Y A N M L R K E D X Z I A K B M R D
E E I X T E G P I Z J L R X R A J S
R B N F L V T K E D O J M E C K C E
E E G Y R O R P D V E L M S P B C N
H L R V X E Y R R P V W Y W V M T T
T P E M K M M Q D O R M W X H T I I
T I D J G A K V M M O N V O W G Q N
U R L C W G D N L T L F Z M N D Y E
O T Y A D S I H T M O R F T T H M L
```

BASTARDS	DAVIDIAN	NOWWEDIE
BESTILL	DOORDIE	OLD
BLOCK	FROMTHISDAY	OUTTHERE
BULLDOZER	GAMEOVER	SENTINEL
BULLETPROOF	HALO	TRIPLEBEAM
BURNINGRED	IMPERIUM	VOLATILE
CATHARSIS	LOCUST	
DARKNESS	MYSCARS	

Puzzle #37

PANTERA

```
D V U L G A R D I S P L A Y N V Y R
Q Q H B C M P M M P K K Z W Z K L M
L V Q X B T B M C E V O L S I H T M
Z M L M M R H V N L K D Q G J H H Y
D W W T O B L R T W Z O K G X P S S
E G O K H F L O O D S M K V M M E R
R N E L N E M S U I C I D E N O T E
E N M Y L L S C W W G N J B K G A T
T E K O B O T L A N R A N J N R G A
H Y L K U M H R E V W T N I N K Y W
G R X I Q T N K W E D I M G L H R E
U C F Q T E H J Y Q P O Z A F C E H
A X D L R S R F M R C N W R M V T T
L Y N V N N O C O E R W T K N W E G
S R E J N N J H B R F V E Q F M M A
L E V E L W E N A C W L N D L Q E R
P O W E R M E T A L F A S N G V C D
V F I V E M I N U T E S R W T Z P G
```

ANEWLEVEL
BECOMING
CEMETERYGATES
DOMINATION
DRAGTHEWATERS
FIVEMINUTES
FLOODS
HOLLOW

HOSTILE
IMBROKEN
MOUTHFORWAR
POWERMETAL
SLAUGHTERED
SUICIDENOTE
TENS
THESLEEP

THISLOVE
VULGARDISPLAY
WALK
WARNERVE

METAL ARTISTS

```
V T M P G O D F O R B I D R J H L Y
T B I M R K X Y N N R N K D K E F W
R E Z N A P G A J A G P Z N B L E A
R K M K U Q L B K J L V M A M N G L
R G L F A C E L E S S P L Z I Q L C
R B W L L R O K M N G K E A W L K N
Z X T A P E Z V D H C Q T G Z N J O
M Y B T L H T Y A A V S F Y A V K R
H H A R H S V H L H U B T Y N M G I
E C R O P U M B E M X T S A L H A A
L T O M L R M K N R O K V A W V V D
I I N M K C Y D N C A A G K D A H R
X W E I D E B R S Y N P N B T I T H
L S S N N N T N W T C R Y A B R S P
N L S Z W O O T A N K K R X R G R T
N L R B Q B N S J Y Y G N W O D T X
M I N L W Q I L L A I L E B D R O L
N K R N K A D M K K K A L I S I A L
```

AVANTASIA	FACELESS	KILLSWITCH
AVATAR	GODFORBID	LORDBELIAL
BARONESS	HAVOCUNIT	MUSTAINE
BLACKLABEL	HELIX	SADIST
BONECRUSHER	IMMORTAL	THERAPY
BONSCOTT	IRONCLAW	
DAMAGEPLAN	JAGPANZER	
DOWN	KALISIA	

METAL ARTISTS

```
N Y A C E D E M I T T R Q T N D Y O
F L K R A P E L Y G R A H M R W E J
B Y R L M K Z T R E R Y R E J R C O
L L G O V E N O M R R B P P U L Z R
B X U Z P N C Z C U Y O J C S L B N
C R Q T W A K V Q T O H S L G A M O
T T E V A M V J R C Y B N V N G W R
H L L A B U X A E N O B Z N N K N A
C O A D K P S C R U M L D A H W E B
I R L M D I I N V P I D F T S Z D X
R N U R L L N Z O M V D G T V R R N
L A T B A Q B G P R E D A H Y G O H
U S N I K N B B R D T K R M P B R
S H A G J J I Q C E I V G L D P Y V
R O R F W Z Q L Q C N T G N M K Z Z
A R A M K H D W X F M V R L X V Z R
L E T I N R E T A R G O T O M N I D
T N T N V N E C R O M A N D U S L X
```

ALICECOOPER	LIZZYBORDEN	STATICX
ARGYLEPARK	LORNASHORE	TARANTULA
AVAPOR	MOTOGRATER	TIMEDECAY
BARONROJO	MRBIG	VENOM
BLUTAUSNORD	NECROMANDUS	WASP
BREAKINGBEN	OBSCURE	
LARSULRICH	PUNCTURE	
LIMPBIZKIT	REDFANG	

METAL ARTISTS

```
G Z Z L N B R C A R C A S S R N B V
K L K M T R D X Y R O H T A B D H T
W H Y N Q L O L A C M V W Q T R N M
N E N K N K Y K P S Q G L G E A D D
P Q R D F M Y D M Y T Q C N X Z E A
V N N U R X E M N A Q H G N H I F W
Y T Z W T M F J A K S L U C N L R N
M T L E U P X Z D T I I A R A S A O
D R C H R M A F O S R B N H Y U G F
L I X R M U X R H B N V V A R S E D
O E S T D D L S E B K B H E E M E E
M K V S B W O I K J K N M H O J A M
L R Z D E G W L A R X J T G N R G I
A Q L V S C A D E F N R D P E Q Y S
K V G M N F T A D I R G E P M T T E
S Y X T K H T I Y Z P R I R K N P L
D I A B L O M G O Y C V L B N K N Y
K B K M R Z H B K N U F D N I M J X
```

AYREON
BATHORY
CARCASS
DAWNOFDEMISE
DEFRAGE
DIABLO
DIRGE
DISSECTION

ENGLISHDOGS
EXHUMED
FAILURE
FALKENBACH
JESUSLIZARD
KREATOR
MINDFUNK
RAPTURE

ROKMASINA
SHODAN
SKALMOLD
VIPERA
XASTHUR

METAL ARTISTS

```
F R T E K S A C S S A L G Q F D G N
D U O J X R F J D D Y K T P Q H S D
E O G U T D E V I L D R I V E R U D
M H N M G W K T P C K L E N N H T R
O T Z Y M H W P R R R Q J C M H I A
N S B D Y J C A G D E J P M R G V C
C E B Q R K S U H N S L R L H O T U
Y K J P P H G T T H U K A C K M S L
C R C K T P O F F T L S R P T W R A
X A M I D G Y Z D X I X K T M E D M
D D M R O M Z E H D U Z K I V I O M
P E F R L N N K M N Q K L E L D T Z
N X T D R O T S I F A K N C S L T J
Z S M A R G A T N E P G N I B L E D
O Y K H G Q D Z M K E G W B L M Q T
T K T N K P N C A N C E R B A T S N
T E V C G H T E X M O R T U S K R R
D R O L L A N R E T E L T N K G C K
```

AQUILUS
CANCERBATS
CRASHTIME
DARKESTHOUR
DEMONCY
DETHRONED
DEVILDRIVER
DRACULA

ETERNALLORD
EXMORTUS
FIST
GLASSCASKET
IMPALER
OSTROGOTH
PENTAGRAM
REVENGE

ROUGHCUTT
SKILLET
SORCERY
STVITUS
WISDOM

Puzzle #42

MESHUGGAH

```
C H H N S T I F L E D M F R L L K S
W L G B Z C P T Z J O S J L Q D R T
C S O U L B U R N N C T P D N G A R
S O K C P P Z N S D H J K A N M T A
U N M V K K R T M E H V J I S M I W
O L G B R W R B H V M D N L N M O S
L G J J U O O U L R F E R J V S N I
U D F R C S R R D F K E R T T U A V
B R Q I N T T V K C W L R J N S L O
E B T C R X T I I S Q B T D E S G R
N Y L C B N S O N X N Y G N O A Y
H P D I S S O N A N C E R E M L Z T
B T X K T K C C N F Q U Z G T O E O
D G A B W L F R G C I B T K R C L W
C L M E H V N M F M O C M L R A K E
P H T F D L B R E J L Y K K W R W R
Y F C K W N Z D N A I D I S B O H T
N L T P Q D I D A C I G R A H T E L
```

BLEED
CLOCKWORKS
COLOSSUS
COMBUSTION
DEMIURGE
DISSONANCE
INDEATH
IVORYTOWER

LETHARGICA
MONSTROCITY
NEBULOUS
OBSIDIAN
OBZEN
RATIONALGAZE
SICKENING
SOULBURN

SPASM
STIFLED
STRAWS
THEHURT
WAR

METAL ARTISTS

```
V L N Y C N W A P S R O R R E T L K
T F Y H M N R H H E L Y F I T S E T
K Y F N Z B A L R I K L W Z L L D L
N T K G Y N V O L L Q B M I T K A P
R O K L N P M I M D T R V G R Z E R
X V G E J R A C N E R E K C A M H N
K D M A E C M E S V M W L N N G D M
M A N V M G H R R I U L N K Q F N R
N E E N G A O L R I F L N N U V O B
O N R Y D M W P D Y S M C K I T M V
M M M C E Q M J R M T E Z A L Y A M
E K V R E T A L C E S T D R I X I E
D L Y L D N M K W F R J R L T N D R
L Z T Q L L A N M K C O B H Y C Y I
E T D J Y T W R R J C I K K G R L D
E F R T B Z Y R Y T T D G V K M Y I
T F L G Z J A S O N B E C K E R M U
S L D E R R A C S E N U R Q G Y F S
```

ALCEST
AMAGON
DESIRE
DIAMONDHEAD
DIO
HANNEMAN
JASONBECKER
LILIAC

MERCENARY
MERIDIUS
NEVERMORE
PRIMEVIL
REMORSE
RUNESCARRED
STEELDEMON
TERRORSPAWN

TESTIFY
TRANQUILITY
VULCAIN

DIO

```
L Z C S E V L O W P U K C O L P W Q
W V S A C R E D H E A R T R N O M X
M S L M P T T H E E Y E S C B G K T
Y E I N G G U P B P W X P N T J Y G
E L V M T V S O P L R X I W Y K R M
Y U E M L H F M H M M A L E F P E Z
E R M Q X K L E A S R K T R G Y T R
S B A M W R N A W E P Y K O H R S E
B O E T M O M V S J R U H C C G Y V
M M R R D V T F J T N D D K H G M I
C X D L G T D K V I I M R N Q R X D
T K I N T H E D A R K N E E A M T Y
T W D H N X M P D H S G L K V T T L
X N I K M A Y K K C Y X G I L E S O
Z Z Q S G P Q G R P R M P V N F F H
F Y F I T Q G E T M P M X D P E B M
T C C Q R E A K R P K S R E V I H S
W A Q F P M D N O I T U L I V E M P
```

DREAMEVIL	MAGICA	SHIVERS
EGYPT	MOBRULES	STANDUPSHOUT
EVILUTION	MYEYES	THEEYES
FEVERDREAMS	MYSTERY	TWISTED
HOLYDIVER	PAIN	WEROCK
INTHEDARK	RAINBOW	WILDONE
LASTINLINE	SACREDHEART	
LOCKUPWOLVES	SCREAM	

SLIPKNOT

```
B X K V L Z S K K F M L X V Y L R F
D L N T A Y D I M M X L S R D L X E
E L C L I Y E Y C G A K Z N K Q Z N
A Q M I C W T B B D K W B C U Z H O
D H V B O N N L K P C Z O L N F M G
M D T E S X I V E R M I L I O N F S
E N I R O W A I T A N D B L E E D I
M I L A H R S T L Y Z W K V J D R E
O H W T C V N R T S K G X D H U R P
R E E E Y R U I P G W F B Z F M G O
I B D Z S K L I P M N B B L P Z L H
E T I J P A T O Y N Y I U P R Y T T
S F E B U I P P N N R S C Y M M N R
H E T D T L L Q Q Y T H N A J R T R
K L R O L A L M Q T F R B K F V N F
V J U I G S S E L E Y E M K D R D G
M T K U L N E R O F O R T E K J U Y
G H E R F I N I L I V E D E H T P S
```

DEADMEMORIES
DUALITY
EYELESS
HOPEISGONE
IOWA
KILLPOP
LEFTBEHIND
LIBERATE

MYPLAGUE
NEROFORTE
PSYCHOSOCIAL
SIC
SNUFF
SPITITOUT
SULFUR
SURFACING

THEDEVILINI
TILWEDIE
UNSAINTED
VERMILION
WAITANDBLEED

METAL ARTISTS

```
B L U E O Y S T E R Z G V Q L X P K
C Q S T R Y P E R N G K L L R R D L
V Q K V P Z M Q O J D Z H F R G R I
J H C R M B D R Y R E C W D P M P V
T M X W R J B X T K W C D N A M O E
G R Y T Y P J L J E L L N S T W D D
N E R A D I U M I C T B A A X P N E
I Z E T G X V D C M T V B K N S Y R
N I C J V Q R R M E A R X Z N E H A
R N R V M O V K E G V S H I Y M P D
A A O K E Y C G E S A R P K M A K C
W G F G K P B M G C P D A K P R X C
S A N B Z T A N R K A A B C K D T T
E P O T L S L I H E C Q W G S U Q W
T T G Z T R L G H C Z P H N X K T R
A D A E K E D M W L C Y P Q E J N L
F J R G G R N O I S N E C S A D N M
T H D E N A R U T L U P E S F N T C
```

ASCENSION
BLUEOYSTER
BRONZ
DAREDEVIL
DAWN
DRAGONFORCE
FATESWARNING
GEORDIE

HEADPINS
MARDUK
PAGANIZER
PENANCE
POD
RADIUM
RESPAWNED
SACRILEGE

SAVAGEMASTER
SCARVE
SEPULTURA
STRYPER

METAL ARTISTS

```
W  M  W  C  O  N  V  E  R  G  E  B  N  R  D  C  G  B
T  S  E  I  R  P  S  A  D  U  J  M  N  V  Q  R  R  R
W  Y  M  T  N  F  M  J  W  M  N  O  E  T  A  V  Q  P
Q  H  C  L  I  M  P  I  E  T  Y  B  T  F  I  Q  W  K
Z  R  I  L  D  M  K  X  Y  S  L  L  T  Y  N  B  T  M
N  K  K  T  L  K  G  O  I  N  K  I  O  C  O  M  M  Z
H  H  X  L  E  M  Q  S  L  D  H  A  G  N  T  K  R  S
R  C  C  K  Z  S  O  U  M  K  R  N  E  M  A  R  B  T
K  V  T  K  G  R  N  G  I  E  H  Y  B  N  T  X  U  R
Q  K  D  I  U  M  S  A  N  E  T  T  D  P  A  R  N  A
Q  B  N  E  W  U  A  O  K  T  T  I  E  M  K  O  G  T
F  Y  N  L  N  J  R  V  M  E  D  R  Q  D  I  P  L  O
R  R  R  N  M  O  J  T  E  A  H  Z  I  T  M  L  E  V
G  J  O  T  C  Y  C  T  T  N  N  T  I  O  N  R  M  A
M  M  R  P  C  X  C  E  D  L  G  N  B  W  T  G  M  R
Y  R  E  E  H  C  E  U  L  B  G  E  K  M  K  T  M  I
Q  L  H  W  X  N  B  K  W  I  Y  V  D  P  P  T  N  U
K  K  L  B  T  I  A  W  N  I  S  R  E  I  L  F  R  S
```

AVENGED	JUDASPRIEST	STRATOVARIUS
BEGOTTEN	KANDIDATE	SUNNO
BLUECHEER	KATATONIA	WHITESNAKE
CONVERGE	LIERSINWAIT	WITCH
CORONER	MRBUNGLE	
DETHKLOK	NAILBOMB	
IGNITION	NEUROSIS	
IMPIETY	QUIETRIOT	

DISTURBED

```
N R L Y F I P U T S W P J Z P N B X
R V E N G E F U L O N E Y F N R M N
I E Z N B B T H E S I C K N E S S E
I N M M T L F H H R N L B E K B M K
N N D E U P Z B T T E H D C N A D W
S O R E M L D G R W K V W N G T B B
I I M W S B Y G V W C B H E L T B G
D T R H W T E S N D I D H D R Z R V
E C E A V D R R A Y R T B A T N D H
T E Y U K O T U T L T N C C N L T M
H F A N F B I H C L S B T E N I K H
E N R T J W E C R T E R L D W X D G
F I P E F N C W E L I T O N K L E T
I M V D I G L R I S L B W I L G I Z
R B K G K L O E F M V O L J R L F Z
E X H R R M V N N N D P L E P R Y P
K T K Y O E T H E L I G H T R T A N
N Q M N B D E Z I L A T R O M M I W
```

ASYLUM
BELIEVE
DECADENCE
DEIFY
DOWNWITH
HAUNTED
IMMORTALIZED
INDESTRUCTIBLE

INFECTION
INSIDETHEFIRE
NOMORE
PRAYER
REMEMBER
STRICKEN
STUPIFY
THEGAME

THELIGHT
THENIGHT
THESICKNESS
VENGEFULONE
VOICES
WARRIOR

DEFTONES

```
M T T E M P E S T E K L L K E L F S
S R D R Q Z H R F G T W P L J L R H
S E K R B R J N S N G M I M L E J R
I G T D I D Q M N A T T X R H G X L
S N T A B V H G N H E N E T H Y T S
E E Y Z K O E R C C R M A W D T K W
N S W C V S W F R K M E T K I R C E
E S J M E P T W A U L M L R A P D R
G A J R N P I E S R D G D M M E R V
J P H G M Y A N K M A Q L Y O F O E
B J E Z L J W T K C W W K R N I S C
N P A L K O M D X M O M A R D N E I
Q J D L Y I R J R E A R Z Y E K M T
D G U M N K M F D C S G R J Y M A Y
P K P E H G R D E R O B G K E Y R L
F K R B I R T H M A R K L I S T Y X
M V D I G I T A L B A T H Z T Z M Q
A Z R T S I E G R E T L O P B L N N
```

BIRTHMARK	HEADUP	POLTERGEIST
BORED	KNIFEPRTY	ROCKETSKATES
CHANGE	LEATHERS	ROSEMARY
DIAMONDEYES	MINERVA	SEXTAPE
DIGITALBATH	MYOWNSUMMER	SWERVECITY
DRIVEFARAWAY	OHMS	TEMPEST
ELITE	PASSENGER	
GENESIS	PINKMAGGIT	

SABATON

```
Y K L M R M Y R A W T A E R G C Z Y
L Y K X P A N Z E R K A M P F P H P
F L L V H E L L A N D B A C K T R R
S I S G Y Z C X Y M H C K G A I E H
T V E V R L B L Y T A M D E C D D N
E E H I N D B I C Z L Y D E B G L R
L F C C H N H W S F D E O A L S N X
L O T T E A J G F M T F R R M H E K
U E I O R T N M V I A O Y R I R C C
B S W R O S H N H M N R A N S H D A
K I T I E T L W I X B F C U H J S P
X R H A S S T L L W O Y L K N J J F
L K G L R A E L H T B O Z Z R T W L
P K I T T L R J A F R R K J K K L O
L R N M V E L O C A T R A P S X P W
L R I Z D H C F C K G N I S I R P U
K M B M V T H E A R T O F W A R M R
M F Y T O C Z T N K L N B D T K N Z
```

BISMARCK
BULLETSFLY
CAROLUSREX
COATOFARMS
GREATWAR
HELLANDBACK
HEROES
NIGHTWITCHES

PANZERKAMPF
PRICEOFAMILE
PRIMO
REDBARON
RISEOFEVIL
SHIROYAMA
SPARTA
THEARTOFWAR

THELASTSTAND
UPRISING
VICTORIA
WHITEDEATH
WOLFPACK

KORN

```
M  M  T  G  K  F  A  L  L  I  N  G  A  W  A  Y  N  R
D  I  D  M  Y  T  I  M  E  H  C  K  R  J  V  Q  E  G
Y  J  P  W  G  D  Q  K  E  R  P  N  Q  J  B  G  V  H
R  Y  P  M  N  D  D  R  D  C  V  T  R  C  Z  J  O  C
L  L  Y  I  R  T  E  H  F  O  T  V  W  O  C  Z  L  P
F  F  L  R  L  T  T  S  F  M  F  C  F  I  K  Q  U  U
M  B  K  M  O  P  C  A  Z  I  R  R  A  X  S  N  T  D
W  W  N  S  T  L  Y  E  P  N  D  N  O  D  B  T  I  R
Q  O  T  W  T  W  R  L  R  G  A  N  H  M  I  T  O  O
C  A  N  X  V  R  F  N  E  U  B  C  X  N  M  D  N  W
Y  Y  P  T  A  K  K  O  Y  N  E  J  K  T  V  E  A  N
R  H  D  L  H  I  C  K  F  D  M  N  M  W  J  P  W  S
L  M  I  R  L  G  T  A  O  O  E  F  H  T  M  O  T  N
T  V  N  L  R  N  I  E  R  N  K  N  F  Q  L  M  X  B
E  L  Y  E  F  T  V  R  M  E  A  F  F  C  V  J  F  N
P  O  T  B  T  J  N  F  E  J  M  S  E  U  S  S  I  Y
U  A  M  W  L  E  F  I  L  E  H  T  T  O  G  J  Y  M
H  T  H  O  U  G  H  T  L  E  S  S  K  D  B  Z  M  L
```

ADIDAS	FREAKONLEASH	MAKEMEBAD
ALIVE	FROMME	PREYFORME
BLIND	GOTTHELIFE	RIGHTNOW
CLOWN	HATER	THOUGHTLESS
COMINGUNDONE	HERETOSTAY	TWIST
DIDMYTIME	ISSUES	WORDUP
EVOLUTION	KILLYOU	
FALLINGAWAY	KORN	

MANOWAR

```
H  R  R  S  F  X  G  H  A  N  D  O  F  D  O  O  M  M
H  Y  O  N  D  E  A  T  H  T  O  N  E  V  K  G  T  G
E  R  N  I  L  L  D  V  P  T  D  C  M  H  H  R  R  M
A  O  O  A  D  E  F  E  N  D  E  R  R  B  V  A  K  L
R  L  H  T  S  L  N  F  H  T  T  M  V  B  W  N  C  R
T  G  H  N  M  D  Z  K  Q  B  I  T  W  F  M  N  M  L
O  O  T  U  R  B  I  V  Y  A  N  D  O  Y  N  Z  K  X
F  T  I  O  A  P  F  E  C  M  U  S  H  P  B  G  I  N
S  N  W  M  O  G  L  H  F  G  D  E  J  P  L  H  N  O
T  I  E  K  T  Z  I  X  K  O  L  X  M  Z  O  Q  G  Y
E  L  I  Q  L  L  V  L  G  T  R  T  R  L  R  M  S  R
E  F  D  B  L  W  Q  L  T  H  O  M  Y  O  T  L  O  R
L  Z  G  E  A  R  K  A  J  B  W  W  E  K  H  C  F  A
B  M  S  X  C  K  B  L  M  N  A  M  M  T  L  T  M  C
R  F  A  S  T  T  A  K  E  R  R  M  G  N  A  F  E  L
W  J  B  E  Z  A  D  L  A  T  E  M  C  V  F  L  T  R
G  D  W  H  A  I  L  A  N  D  K  I  L  L  W  V  A  H
T  P  N  N  I  D  O  F  O  S  N  O  S  H  T  Y  L  P
```

ACHILLES
BATTLEHYMN
CALLTOARMS
CARRYON
DEATHTONE
DEFENDER
DIEFORMETAL
DIEWITHHONOR

FASTTAKER
GODSOFWAR
HAILANDKILL
HANDOFDOOM
HEARTOFSTEEL
HOLYWAR
INTOGLORY
KINGSOFMETAL

METALDAZE
MOUNTAINS
SONSOFODIN
THOR
WORLDUNITED

METAL COUNTRIES

```
L N M L T F W T R E N O R W A Y A M
Z T W T Y K L L M N L B Y Y W I V N
L I R E L A N D E F R I P M R D M W
L N M L A B N D D A B Y H T R N G L
K F J X T T E R Z N N M S C T A W C
J H T M I W T I R A A U R N Z L M T
A Z N B S K L R M M A L Y L R N T K
D B E A U S T R A L I A E H L I W F
A P T N M R E O C A N O M C C F L K
N K H F A G N V K F M N V T I G Z W
A K E K G M Y R J M H Q G H N J N P
C C R C B F E X B E N U N R G K O J
V Z L R Y Y N R S T H W N C E R L R
P E A O K B F T I Z H R J G T E J B
K C N A M R O D W C L N R U A N C J
Z H D T F N K R T M A K G T T R X E
L X S I I G K K C T N A T Y L M Y T
N T L A W V Z N R K L K R A M N E D
```

AMERICA	DENMARK	ITALY
AUSTRALIA	ESTONIA	MONACO
AUSTRIA	FINLAND	NETHERLANDS
BRAZIL	GERMANY	NORWAY
CANADA	GREECE	PORTUGAL
CHILE	HUNGARY	SWEDEN
CROATIA	ICELAND	
CZECH	IRELAND	

METAL ARTISTS

```
F  C  K  K  S  E  P  T  I  C  F  L  E  S  H  L  T  E
C  A  R  N  I  F  E  X  R  T  G  B  V  E  L  B  C  R
E  R  E  I  F  I  T  R  O  M  Z  N  J  A  P  N  Z  J
R  R  C  M  M  J  M  T  Y  T  A  M  F  N  E  I  N  Z
X  Z  A  W  K  A  M  P  D  N  Q  R  N  L  Z  M  C  L
L  R  V  M  C  N  G  R  E  R  E  L  O  H  M  U  K  A
M  M  Z  A  T  L  R  E  Q  M  O  I  M  T  N  S  H  M
B  Y  B  T  Y  H  K  L  M  P  V  F  N  E  J  H  T  N
X  R  F  F  D  S  G  A  V  K  M  T  L  D  Y  R  A  E
E  Q  G  Q  E  Q  H  I  Y  M  X  E  V  A  G  O  B  K
P  Y  M  M  V  U  T  V  N  B  C  N  J  G  H  O  D  O
F  W  A  M  Y  A  B  L  F  T  Z  N  L  E  X  M  O  V
H  J  K  M  K  R  N  Y  R  K  D  R  C  M  L  H  O  E
P  B  K  D  W  T  L  I  K  M  M  P  Q  F  V  E  L  L
L  A  B  K  P  Z  C  F  J  Y  L  D  M  L  K  A  B  R
T  R  G  M  R  S  K  H  D  E  E  R  B  Y  S  D  R  T
D  Y  N  A  U  T  G  R  A  V  E  D  I  G  G  E  R  N
Y  M  J  N  N  L  D  K  N  E  G  A  T  U  M  Z  T  L
```

BLOODBATH	JAMESKEENAN	QUARTZ
CARNIFEX	MACABRE	SEPTICFLESH
ELECTRICSUN	MEGADETH	SYBREED
EPICA	MORTIFIER	VIOLENCE
EVOKEN	MUSHROOMHEAD	
GRAVEDIGGER	MUTAGEN	
HALFORD	NIGHTMARE	
HAMMERFALL	PAGAN	

METAL ARTISTS

```
K K R A V E N V M L Q P C D Z R R Y
I C E T I T A N E Q R N M N L L N E
W K C F G M R M V I N A M K E N S L
S N P R E B M A H C L A O C M K W D
K I J I Q W O P V P V O D R I M L E
L W N J P K I C T K M C F N T N F R
L V N G F R D F T P Y R C M N Z I W
L A F W I M E G N L R H D O A R L I
D E R F M K I V R D A T S Y O Y H N
Y N G D N L N Q A M L N W N N M A D
I O P N N Z N V B I I K B D K Y R Y
N T R Z A X O E R K L U E C R E T C
G S N K M D R B C D T A A M D D M F
F E T M L T I I T T D M P A L F Z L
E V K M H P D B E E S G V K C L D N
T A H K A D L R R D C X K W H N V R
U R M N T L L A O O J R Y N F D T M
S G K V S Y P G H M M B Z L V J Y T
```

AMKEN	GRAVESTONE	RONNIEDIO
COALCHAMBER	ICETITAN	SKINCHAMBER
CRYPT	IGNIS	STAHLMANN
DEADERA	IPREVAIL	VADER
DICKINSON	IRONBUTTERLY	VEILOFMAYA
DYINGFETUS	KRAVEN	
ELDERWIND	LARD	
GODSMACK	MORBIDANGEL	

CELTIC FROST

```
N R K N M P R O C R E A T I O N L C
N M Z M P M K D Y I N G G O D R R R
M E N O R H T L E W E J M W N E R C
C S M S I N L J X F R L H T V X O G
X S V E M Y N E G O R P K E G L T P
N I N L S N N T L E M V O G D L G X
B A L A Y I R Z F L P T M L H D S C
N H N T B E S H M C N K A L R T E R
U C Z D A X C T R R M K J O N B Y Y
T S H I S T K N U I E T W A R D E P
J P U B O J R T A C F N R M K E D T
Z M P R T K E G D D I Y J M Z R E O
C L J O P R K X X N T C Z R T U T F
K R T M K E M B A E Q N G R Y C N R
H W H L K G R S H L N F O P N S I A
K L J V N M H T K G D M H W X B A Y
N N O I R E H T A G E M L H I O F S
B K M K S M E S M E R I Z E D F Z Y
```

CIRCLEOF

COLDLAKE

CRYPTOFRAYS

DROWNINASHES

DYINGGOD

FAINTEDEYES

IWONTDANCE

JEWELTHRONE

MEGATHERION

MESMERIZED

MESSIAH

MORBIDTALES

NEMESIS

OBSCURED

OSABYSMI

PROCREATION

PROGENY

RETURNTOEVE

THETYRANTS

USURPER

METAL ARTISTS

```
J  W  X  M  D  N  Q  J  E  F  F  L  O  O  M  I  S  N
C  B  V  I  S  A  M  A  E  L  I  T  Y  V  P  X  X  F
E  M  J  R  C  L  Y  D  R  D  N  T  W  K  Q  C  G  T
L  F  M  I  M  P  Y  F  X  L  T  B  O  C  H  Y  Q  H
T  Y  T  K  T  R  U  B  O  I  H  X  L  T  X  W  Z  G
I  Q  E  A  H  E  X  R  D  W  I  Y  L  H  F  P  H  K
C  G  R  R  L  T  W  V  O  G  S  R  A  T  W  Y  C  N
F  G  M  A  L  S  D  M  H  N  M  D  H  A  M  A  T  N
R  Y  I  H  P  A  P  M  T  I  O  H  R  B  L  M  H  E
O  C  N  X  F  M  B  N  R  N  M  Q  A  B  Y  K  E  E
S  G  A  O  R  I  Q  F  O  N  E  Z  N  A  V  G  R  T
T  D  L  K  H  H  G  B  N  U  N  I  U  S  B  Z  O  S
T  C  T  V  L  P  K  H  U  R  T  P  L  K  M  K  T  M
R  A  R  C  H  G  O  A  T  S  Y  V  D  C  K  P  T  L
D  R  A  G  G  A  H  C  A  S  H  T  R  A  Y  V  E  A
Q  L  N  R  L  R  T  E  A  K  T  X  T  L  D  P  D  M
L  V  K  P  T  M  B  B  N  C  Z  A  X  B  J  M  R  J
V  K  G  N  I  K  Y  R  R  E  K  D  R  X  K  F  C  J
```

ARCHGOAT	HARAKIRI	SAMAEL
BEASTINBLACK	INTHISMOMENT	TERMINAL
BLACKSABBATH	JEFFLOOMIS	THEROTTED
CACOPHONY	KERRYKING	UNORTHODOX
CELTICFROST	LUNARHALLOW	
FIGHTSTAR	MALMSTEEN	
FUEL	MASTERPLAN	
HAGGARD	RUNNINGWILD	

METAL ARTISTS

```
M D I S M E M B E R K R Z G Y N K Z
N R T L R J M V B P L E W N D L G Q
E E B O G V V N T C W T B E K C S T
S R C K J G R U N N B I H E M U Y T
T M Z I Q O R M L N M C J W D J P H
A M B L F I M B O L J X R O D V A E
T H Y L L I G K M R R E X L K H R E
I M N L D L R N C P B E N L L L T D
C D I W Z M U C H U R I G E M V C G
F M I T M S Y T A E T W D H M M I E
E R L S T Y O L A S K S R S Q K X J
A C M H S M C N L A C R I M A S O N
R R G K E I I M R P S L A S H I T X
M I Y H M M D M D T H L N M T C N D
N R E L A M H E W T H M D W C Z F T
X B N T F R L M N O D N O L T Y G
N N O W K L T N P T M K Y T C F N N
P R K R A P N I K N I L K M X K F M
```

BEHEMOTH

DISMEMBER

DISSIDENT

ESTATICFEAR

EXCITER

EXODUS

HELLOWEEN

LACRIMAS

LINKINPARK

LONDON

MORBIDSAINT

NIGHTSUN

REANIMATOR

SACRIFICE

SLASH

STUCKMOJO

THEEDGE

TOXICTRAP

TURILLI

METAL ARTISTS

```
R K A R B O C K C A L B R W Q R L C
E R F K X K E K J M T F M E I J L M
H C H T H O N I C W V P H G L I L F
C G X M M K I Z M J Y K O N V L K R
E N J M Q Y V Z C H D R V E K N I G
R I V T V P I W M U M R P X W A X K
B N Y N A R D L R O J O B X T P B P
S W N U J N D R R P J V W O A L O
I O H H D D O T R K K N T W T L L S
E D B L A C I H B J F H E O Q M E S
J K D A L S S H N B W R N L M D H E
X K T Y S D I M K M T S T V R E F S
H L H O C N V N J R Y R L D M A O S
J O V R K F Y H I C R U T L G T L E
Q Q R S C O R P I O N S N K R H L D
D M K D T K L N R V B W T G R P U Q
C J M K A R A M R A R E T N I X F T
M B Y T C C H B R O S S E R G G A N
```

AGGRESSOR
BLACKCOBRA
CHTHONIC
DRUDKH
EISBRECHER
FULLOFHELL
HORDAC
INTERARMA

JOHNMYUNG
KILLER
KKDOWNING
NAPALMDEATH
POPEVIL
POSSESSED
POWERTRIP
RIGORMORTIS

ROYALHUNT
SCORPIONS
SNOT
VANDALS
VISIONDIVINE

METAL ARTISTS

```
Y G G G N K X A L T E R B R I D G E
N T D I Q H T E R A Z A N L N J L M
C Q D A P L S T N A I V E D Z D T N
R D L D N R F D L M W M M J Y S M E
O K K D N Z A Q L B C I D F S Y D J
S W M R S G I W T Z X G L U R I F C
S P L D I D P G R C C F Y D S N K F
F S A K S V Y H A N P K F T D E L H
A W V I E E N L P P M T N G L O C N
I I V J N M O N T G Y O V L C S G M
T T M L E E G W H D R N E R A C E S
H C A Y G R A L E F L F Z T Z L M V
N H S X O T T T M L S A S T V V T M
Q B T J Y X N K E O X U F I M Q L C
K L O G P E A Y N R M P N E T R K X
Y A D L T W C J G X R S R L L X Z M
F D O W H I P L A S H C L G N O K F
N E N R N H D F N T M V P Y W H S V
```

ALTERBRIDGE
ANTAGONY
CROSSFAITH
DANZIG
DEVIANTS
ELLEFSON
EXTREME
FRONTSIDE

KYUSS
MASTODON
MELVINS
MUSTASCH
NAZARETH
PAINEATER
PYOGENESIS
SOLEFALD

SWITCHBLADE
TRAPTHEM
WARPIG
WHIPLASH
WILDDOGS

METAL ARTISTS

```
D R M Z H P J Z T F Q K H H E V Z G
N E O T S T O V O K O R S C M R D E
G G U B N Q H M R Q Z A I N K J L J
P N R H V Z Q D J H R L M F L I R V
Q I N M A W W R G C A M N L X E K R
E R I L K W N O J M M Z M I G F Z O
R D N O P M K F W W X D R G K H M B
E E G U H X R L K A R N I V O O L T
H D M D Z M N A R W N R L J R V C R
P M I N R B N H B E T P T K L Z Y U
S T S E O X N B N L N P O I S O N J
E A T S P M O R L N I B K X L L I
T N E S P Z H R Q N F B D J Q N K L
A L R A R N R E V T R D J L K T C L
H T K P K Y V Z L I C D K T U B G O
X V F L C R X R O I P N L N C H R R
R O R R E T A T W R A M K Y W R C X
M F A R I J O G F L Q R G L M H T S
```

ARKAEA	LOUDNESS	SCHULDINER
CRASH	MALICE	STOVOKOR
DEDRINGER	MOURNINGMIST	TERROR
ELIXIR	OPHELIA	TRIGGER
GOJIRA	POISON	
HATESPHERE	RIOT	
HAWK	ROBHALFORD	
KARNIVOOL	ROBTRUJILLO	

CARCASS

```
N L K W B V M N H D J Q M G Q T H R
X H R R L U E L D L L I M R W R O G
T R O E I K R G K R L P G M X T H Q
H B W V O D N I R G W E W S N V V F
T O T I C T Q Q E O Y Z H R O N F Q
C L R F L J F Z M D F R O O X R M K
P T A Y A N R B G R D L D N T Z E R
C P E T T X N C A Y L R A T H O M L
K I H H R Y G T A D C K E N N P G I
B S N G O L S D N H V K K A R C L V
H T J I M K R A I F L K K K M A W I
L O L E C E H L W R N R M V C S C N
C L V A T M D L K J V Z F Y N L M G
Z G L S R S C O N S U M P T I O N D
L B E I P B B K B Q B M L L R N G E
B F F L M R W D E Z I R A L O P W A
Y K A S L A U G H T E R E D D H Z D
K Y K M L T C P T N E M I D O B M E
```

BLACKSTAR

BOLTPISTOL

BURIEDDREAMS

CARNALFORGE

CHILDSPLAY

CONSUMPTION

EIGHTYFIVE

EMBODIMENT

FESTERDAY

FIRMHAND

GOTOHELL

HEARTWORK

JIGSORE

LIVINGDEAD

MORTALCOIL

POLARIZED

ROTNROLL

SLAUGHTERED

SLAYER

```
V  T  S  I  R  H  C  I  T  N  A  J  H  K  V  J  L  Z
D  T  I  B  L  O  O  D  L  I  N  E  X  H  H  K  N  V
D  D  J  N  M  Z  T  K  E  K  L  M  L  T  N  S  B  H
O  G  I  R  I  W  M  V  R  L  M  M  A  K  D  A  G  M
O  C  N  S  J  M  N  N  A  D  I  E  M  D  D  M  M  Y
L  I  W  M  C  L  E  W  F  K  D  X  R  O  O  N  E  C
B  G  L  K  M  I  A  G  W  F  G  D  E  O  O  I  T  R
N  A  W  G  P  I  P  H  O  H  M  N  T  L  L  K  R  E
I  M  A  J  T  F  N  L  L  J  J  L  B  B  B  S  O  M
N  K  R  S  J  N  E  X  E  B  U  T  M  E  G  D  M  O
G  C  E  N  G  T  B  K  C  B  Y  J  H  N  A  T  N
I  A  N  I  N  T  H  E  A  B  Y  S  S  T  I  E  S  W
E  L  S  A  L  L  N  Z  J  R  Y  N  B  L  N  D  O  O
R  B  E  F  G  X  L  J  K  L  Y  X  N  L  I  M  P  H
W  M  M  J  E  S  U  S  S  A  V  E  S  I  A  J  K  S
C  I  B  O  H  P  O  R  C  E  N  K  P  P  R  R  J  R
F  N  L  R  E  P  E  N  T  L  E  S  S  S  D  G  H  K
F  J  E  N  E  V  A  E  H  F  O  H  T  U  O  S  R  M
```

ANGELOFDEATH
ANTICHRIST
BLACKMAGIC
BLOODLINE
CULT
DEADSKINMASK
DISCIPLE
EXILE

GEMINI
HELLAWAITS
INTHEABYSS
JESUSSAVES
NECROPHOBIC
POSTMORTEM
RAININGBLOOD
REIGNINBLOOD

REPENTLESS
SHOWNOMERCY
SOUTHOFHEAVEN
SPILLTHEBLOOD
WARENSEMBLE

RAMMSTEIN

```
M K M D T R E I S E R E I S E L R N
L C E V S R V V V B X B J B T M H I
K H I H A Z O M D D T Q P R B C F Z
K T N T H C U S N H E S F D I M W N
L N T Y U L P L E Y L M M D K W L E
J R E D D O A V J N K J K M M V N B
C K I L D M I Q V N R C N U X F C F
D M L H E W M D G Y U O Z T K K L I
N L E R G R Q I A B M B T T Y G C M
D J I I K B E B E R G B W E L H P U
M K L Y N B F D T R M D Z R T L A H
A R N K G H T T N T F K W U Y K T C
M K N T K H E H T A N R D K S K E I
I C H W I L L R L P L I E O T N P D
M X D V T L T G Z N R S M U N N N E
L R A M M L I E D W N U O E J Q N
L E G N E T Y K E V T Y S A Z F B H
G K M D X F T H K J D D F N R Q N O
```

AMERIKA	ICHWILL	REISEREISE
AUSLANDER	MEINHERZ	ROSENROT
BENZIN	MEINTEIL	SEHNSUCHT
BUCKDICH	MOSKAU	SONNE
DUHAST	MUTTER	
ENGEL	OHNEDICH	
FEUERFREI	RADIO	
ICHTUDIRWEH	RAMMLIED	

BLACK LABEL SOCIETY

```
T R H C R A M H T A E D T O N H N N
W N I G H T M A R E S X V K R X K B
A L E G R X T F G G H E S T O N V F
L B S E Y G Y U R K R R N N B O D T
L K R D T W F N F L A N Z T L M O N
F Y O I X H T E O C J M H Y L O O W
O Q H R D T H R S L T I T C I R M O
R V Y L T G D A Z N S J W T T E S D
Y F Z L F N E L X R N B F P S T D W
O T A E J E V T I T H O U R J E A O
U Q R H D P I V O A L T O T W A Y L
T G C D B G E L I C I K D T Q R T W
D S M X G R R S E E R L K Z H S X C
H J U W W W S H R B H O R D T E T H
G L Q R K E D I K Z S Y S M N M R R
F R K B M B F C B D Q I X S R K M L
R E M R O F D E E L B W D M D R L T
M Y S P O K E I N W H E E L Y Z T K
```

ALLFORYOU	FUNERAL	RUST
BLEEDFORME	HELLRIDE	SCARS
BRIDGETOCROSS	LOWDOWN	SPOKEINWHEEL
CRAZYHORSE	MESSIAH	STILLBORN
DEATHMARCH	NIGHTMARES	THISRIVER
DISBELIEF	NOMORETEARS	
DOOMSDAY	NOOTHER	
FIREITUP	OVERLORD	

METAL ARTISTS

```
Z X K M L J S E S O R N S N U G R Q
X G T J H T H E O C E A N C G R W L
C U L T O F F I R E R T P N W I A N
M R T R P B S Z Q T Z L L T N I E K
K N Q T G V N O K K L P J T R X N N
L E V I A T H A N L D K E E K F O A
T X Y T P E C C A S F R P T G P F C
F M P R Y G M M W R O M V D V L E I
S O U L M A K E R M I F S C L N S L
L R R M K B M F T N D L A C H D R E
G K A R K X X G T E I T K P T N E P
L S T I Q Z L N S P W C Z S O A P T
A P A B N Q J R K T T H I K N L T K
S T D L X B U N Y R N T M D R E L D
S V V L A C O N G T R E T L R V L O
J O W P N T T W P O F F P Y P A V K
A L K I Z L V P M P P F W E Q R M T
W A R R E T A G Y R O V I N R G W F
```

ACCEPT

CULTOFFIRE

GLASSJAW

GRAVELAND

GUNSNROSES

IMPERIAL

INCURSED

IVORYGATE

LEVIATHAN

MORTIS

PELICAN

PERSEFONE

RAINBOW

REPENT

SLIPKNOT

SONSOFAPOLLO

SOULMAKER

TALAS

THEOCEAN

VOLA

WINTER

METAL ARTISTS

```
L  Q  L  D  N  H  T  L  H  A  M  L  A  K  V  K  B  Z
V  R  R  G  E  B  R  D  Y  E  D  L  Y  W  K  K  A  Z
G  O  H  N  T  B  E  O  T  C  N  T  W  T  K  Q  A  Y
D  R  V  N  P  V  M  N  T  G  H  L  J  L  M  M  L  T
R  E  V  K  I  Z  N  O  A  A  W  G  D  J  M  N  U  T
E  P  M  C  H  L  F  L  T  K  L  N  A  A  V  X  O  S
A  M  E  N  Y  R  F  C  L  N  R  I  G  T  X  D  S  U
M  E  K  D  N  K  L  P  E  J  E  Z  H  Z  E  K  T  D
T  K  K  M  C  U  E  T  E  F  N  Q  C  I  F  N  S  N
H  T  Y  A  T  R  Y  L  C  M  L  X  K  M  N  B  O  I
E  L  L  C  M  Y  E  X  H  B  Y  E  P  X  J  N  L  A
A  B  H  R  N  R  D  B  E  K  Q  E  S  N  R  N  A  T
T  R  Y  Q  B  K  A  M  D  H  E  V  R  H  N  G  M  N
E  Q  C  L  F  L  E  V  K  D  C  M  M  N  G  L  T  U
R  K  C  Y  H  D  D  N  R  V  S  W  O  R  D  O  V  O
K  B  H  I  R  A  X  C  H  W  H  R  H  M  Q  R  D  M
M  W  I  A  V  E  V  E  T  S  G  C  W  D  T  H  T  N
Y  N  Y  M  Q  W  O  O  D  S  O  F  Y  P  R  E  S  T
```

ANNIHILATOR	ENTOMBED	MOUNTAINDUST
BLACKFLAG	FLESHGOD	STEVEVAI
CLUTCH	GAMMA	SWORD
DEADEYE	HIRAX	WOODSOFYPRES
DEEP	KALMAH	ZAKKWYLDE
DEVICE	LEECHED	
DREAMTHEATER	LOSTSOUL	
EMPEROR	LYCHGATE	

SYSTEM OF A DOWN

```
X  M  R  A  G  U  S  T  K  P  P  E  R  Q  F  Z  W  N
R  V  P  N  N  F  N  H  D  R  D  Z  C  I  G  A  R  O
Y  Z  C  R  R  W  J  T  I  I  Y  N  L  Y  K  X  K  I
A  O  H  C  Y  S  P  S  S  L  S  P  I  D  E  R  S  S
D  P  X  C  H  M  O  R  H  Y  P  N  O  T  I  Z  E  I
Y  L  T  R  C  N  E  V  N  D  N  N  V  E  B  N  T  V
L  H  M  M  S  I  Q  H  W  O  K  M  Z  H  Y  C  O  R
E  Q  O  O  D  T  C  K  A  F  I  I  L  E  O  Y  E  E
N  N  N  L  K  M  J  H  R  R  R  T  T  Q  B  Z  D  N
O  G  O  Y  Y  K  C  M  O  E  K  T  S  K  V  K  I  N
L  S  L  T  Z  M  D  B  M  P  E  J  M  E  N  R  V  I
Q  M  L  I  V  K  O  Z  M  L  S  B  Y  A  U  L  O  J
N  F  Q  C  F  V  E  U  U  R  Y  U  E  N  Y  Q  I  B
C  O  K  I  A  M  H  O  N  V  J  R  E  Q  G  G  D  R
C  R  L  X  R  W  R  T  R  T  I  A  X  Y  P  Q  A  Z
B  E  H  O  N  F  T  G  R  A  A  N  C  M  X  Z  R  L
M  S  V  T  X  C  K  A  L  G  V  I  J  K  J  N  K  X
Q  T  X  N  V  C  B  S  C  T  C  T  N  W  T  X  J  M
```

AERIALS	INNERVISION	ROULETTE
ATWA	LONELYDAY	SOLDIERSIDE
BYOB	MEZMERIZE	SPIDERS
CHOPSUEY	MRJACK	SUGAR
CIGARO	PRISONSONG	TOXICITY
FOREST	PSYCHO	WAR
HOLYMOUNTAIN	QUESTION	
HYPNOTIZE	RADIOVIDEO	

TESTAMENT

```
X G T A M E R I C A N H A T E M V H
E R I F Y B L A I R T N M R Y Y K T
D Y N J L P I L Y L D K T R C R C R
V V L D V R N L N M N Z Y A M R A A
G N I R E H T A G E H T G F Y H L E
K Y B N K K O W N Q W E N V J R B F
T N M K T D T E I T L O N M I T F O
H Q G K M L H H T N H N R S K B O S
E Y D N J G E T N L N E E D O L S T
P T C Q Z N P R U L G U B T E M L O
R H G A V W I E A W P D N A O R U O
E E N R G D T V H F N R L T L R O R
A R I T Z E P O M R U W P B T L S R
C I K V K Q L P G T K M Y Z R K A M
H T E Z F B B E E K Y V L R R N L D
E U L K Q J T R H S C C T Q V X M T
R A A S E R E N I T Y K D T L K K M
D L P P P H K D O W N F O R L I F E
```

AMERICANHATE

DNR

DOWNFORLIFE

HAUNTING

INTOTHEPIT

LEGACY

NEWORDER

OVERTHEWALL

PALEKING

RETURNTO

RISEUP

ROOTSOFEARTH

SERENITY

SOULSOFBLACK

SYMPTOMS

THEBALLAD

THEGATHERING

THELEGACY

THEPREACHER

THERITUAL

TRIALBYFIRE

METAL ARTISTS

```
L R N L J R C D N A S K C I U Q Y N
D M O T S M V R C Z W H M T X T L X
P G I Z O V G J Z L J N O L K Y Z M
R N T C L O I M P G W A R D O G S T
I Q A K R N R D A R K N E S S Q W R
M B T C A T Z P G Y X R C N Y D K K
A Y N P V M R Y A A J N R X O B F T
L V A L R M O T M T R E N I G L H L
F K C J M X A C Y L F V G R O O N E
E Y N X J L G J R W V A J W R K B G
A E I V M Q O M X A D R O N R B F R
R R Z N Y Z N T L A G B S L F E H U
V G C M K B I M R W U R Q I D X P
M N G T M X A C L U I B S W T K Q D
J E M Y U K N P T M V T G C R Q G O
R R A B O R T E D L L N E R Z R J O
F I J K Y R U P N L Y L J Y E V C L
M D T D J L Z S Z K F M Z D R T Y B
```

ABORTED	PRIMALFEAR	TURBOWOLF
DARKNESS	QUICKSAND	WARDOGS
AGONIA	RAVEN	YETI
ARCTURUS	RED	YNGWIE
BLOODPURGE	SUGARCOMA	ZYKLON
DARKNESS	SVIDGAR	
DIRENGREY	TAPROOT	
INCANTATION	THORNS	

KREATOR

```
D H Z S U N B U R N S R E D E P Z Q
Y E K L P E S T I L E N C E C R K L
L T N E G A N E D L O G G M A E E L
Q N R O R L K K M F R L C N R V C N
G Q L G Z R M L K E D A G O T A N X
P P B L N R R G Y Q V E B I C I I K
W H K T C C O A J N K R L T I L R D
O O B W B K R R O N N S R A X L P X
R B X G R T F I R W N N X L O B N H
L I D L E O T L A E H A K A T Q O L
D A P B L U T R A M T T B C W R M Z
W H V C L Q C N M G T A K S D Y E M
A Y G O F U D K E Y O S M E M J D G
R J V L R V P K D M L F S N N R K M
R E R S R R T N C D R I H J L M L M
R P E D K L V F Y B G O G A M L Y M
R V E S P A L L O C T X T H T T M Y
P F L O O D I N T O F I R E T E G B
```

BETRAYER
COLLAPSE
DEMONPRINCE
ESCALATION
FLAGOFHATE
FLOODINTOFIRE
GOLDENAGE
HORDES

MYLIGHT
PESTILENCE
PHOBIA
PREVAIL
REVOLUTION
SATANSREAL
SUNBURNSRED
TERRORZONE

TORMENTOR
TOXICTRACE
WARCURSE
WORLDWAR

METAL ARTISTS

```
B T D B U L L D O Z E R F Y J D F D
K Z W R M T P C K N D L E N O Z E X
M N M N A L G O H E N E G O V S T W
D T S U D W N R X V F T L K O R R H
J H T D R W L V Q G R B P L I G N E
M T T T H R Z L K H U R A V X Z W D
B N Q O N B T C I R L T I T X L A A
P C K B X I N L J B E U Z N F K D L
K O L T K I A R F M M V V C T Z L B
N N J M L R K S D O O Q L M F K A O
V J A N K L B N D V F T K N Q T T Y
G U G R J Q W M L E F C O C W K I K
F R U Y X A A M V R R F L R G L B O
F E A H R S U T C K B O V T H Z R T
X R R R T Z V L Z I K Z M P D E O I
N T A E R L Q M L L D L R R C G A R
R N J U T K M Z C L J K M H A H H D
T T B M E N I B U C N O C B T N C G
```

ARMOREDSAINT   DUST   RUBLOOD
BILLWARD   GENEHOGLAN   TOKYOBLADE
BULLDOZER   JAGUAR   TOXIK
BURZUM   JETSAM   TRIVIUM
CONCUBINE   LENO   WARRANT
CONJURER   MOTORHEAD
DESOLATE   ORBITALDAWN
DRI   OVERKILL

DREAM THEATER

```
S U R R O U N D E D F R M Y N F X K
H P S L L A W E S E H T N M J R R B
E M E T R O P O L I S A M B N P D K
B N T T F M R Z W Y C Q P X M A N R
T B I J H Y P G S S K R N R N T A T
S W K N Q T Q Q U I M D E N P H M P
E R V R E V L T W M X H V A L D E W
V B Y P K N M P Q U T D N D T I O J
E E A U Q M E L A I B I E L T V F V
Y S D L R Z B C W R C A W G C I G Z
D T R L F H L C S A A K R K R D O M
E O E M T T N L T V Q L M S P E D A
C F H E C M M T W A R D Y K T S E I
A T T U N R A R Q T R M P Z T O H S
P I O N R C J F H C G Z V N E P O A
S M N D K R O O T O F E V I L D J L
V E A E Q D N M F O R S A K E N Q N
B S Z R N N O S I R P S S A L G B Z
```

ANOTHERDAY

ASIAM

BARSTOOL

BESTOFTIMES

FORSAKEN

GLASSPRISON

METROPOLIS

NAMEOFGOD

OCTAVARIUM

PANICATTACK

PARALYZED

PATHDIVIDES

PULLMEUNDER

ROOTOFEVIL

SCENENINE

SIXDEGREES

SPACEDYEVEST

SURROUNDED

THESEWALLS

TUSCANY

WITHER

GHOST

```
D W A R O I L E M D R G F J F N N W
T J E M H K S I Z Y E A R Z E R O K
T T Z B D D T R V K N B R R C L W V
A P A R W E A R R A T H M W L V T K
B K H G R I N X I Y L H L R K I M P
S T R M X F D R T T T C E R R G B C
O S A T W I B N P M U M N I K H B Y
L U L G N C Y V M R M A P O F H M P
U D U E R U H V F A E S L W C E R P
T Y C N V R I K H L C Q H X N I M Z
I M E E Q C M E I Y I N U T M S L X
O M S S D F R Z T V R Z K E I B V Y
N U H I M A A S H P I N M N L A M T
T M R S U B E F D R C O K C B L F M
H K K Q E J F G R V V Y X B R C E N
L H S T A S T A R E B L W Z M V L M
L V H M G P Q C R G L C B R X T N P
M L T B O D Y A N D B L O O D J R F
```

ABSOLUTION

BODYANDBLOOD

CIRICE

CONCLAVI

CRUCIFIED

ELIZABETH

FAITH

GENESIS

HEIS

MAJESTY

MELIORA

MUMMYDUST

PREQUELLE

PRIMEMOVER

RATS

RITUAL

SECULARHAZE

SPIRIT

SQUAREHAMMER

STANDBYHIM

YEARZERO

OPETH

```
M  V  S  L  L  A  F  Y  R  E  P  A  R  D  N  R  L  S
B  L  K  V  D  E  L  I  V  E  R  A  N  C  E  N  N  O
W  R  S  T  I  L  L  L  I  F  E  M  V  H  R  E  F  R
M  T  P  T  V  T  C  B  B  H  H  T  B  C  X  M  T  C
G  V  W  M  D  W  R  R  L  J  S  H  F  T  R  S  Q  E
D  M  L  O  F  P  N  N  R  A  N  D  O  R  E  C  R  R
K  B  U  R  D  E  N  O  K  K  C  F  A  V  X  E  T  E
M  L  H  N  G  N  G  I  W  R  K  K  R  E  T  R  P  S
D  E  O  I  C  A  F  T  M  I  V  A  R  A  H  Z  T  S
E  E  P  N  R  P  T  I  N  P  H  Q  W  O  W  D  T  N
H  P  E  G  E  W  T  D  Y  C  N  K  T  T  S  N  O  T
S  N  L  R  D  O  F  R  J  Q  C  Y  N  H  Y  E  P  G
R  A  E  I  E  D  M  E  P  A  B  Q  M  E  C  Q  Y  P
E  I  A  S  N  N  B  P  L  L  L  C  M  M  K  O  H  P
T  S  V  E  C  I  V  B  E  C  J  W  Z  O  T  P  I  N
A  S  E  L  E  W  Z  A  N  T  H  K  K  O  C  K  C  L
W  E  S  P  T  R  K  K  Y  V  W  V  D  R  M  K  Z  Z
V  H  R  D  E  E  N  F  O  E  M  I  T  R  L  J  H  K
```

BLACKROSE	GODHEADS	STILLLIFE
BLACKWATER	HARVEST	THEMOOR
BLEAK	HESSIANPEEL	TIMEOFNEED
BURDEN	HOPELEAVES	WATERSHED
COIL	MORNINGRISE	WINDOWPANE
CREDENCE	NEXTOFKIN	
DELIVERANCE	PERDITION	
DRAPERYFALLS	SORCERESS	

DEATH

```
W  N  N  T  E  C  Z  O  M  B  I  E  R  I  T  U  A  L
F  L  R  F  I  I  Y  W  B  D  L  M  T  P  V  H  M  C
P  K  L  M  D  L  N  G  F  M  L  Y  O  M  K  F  R  G
A  V  D  X  O  O  X  T  G  Y  Y  W  L  I  L  E  K  U
I  T  Q  V  T  B  V  N  N  K  E  T  L  L  H  M  M  L
N  Q  V  X  T  M  Y  H  O  R  W  L  C  P  F  O  G  P
K  S  B  J  F  Y  Y  Y  I  I  I  N  O  M  N  U  H  E
I  K  T  B  E  S  T  D  N  T  S  W  W  Q  N  Y  H
L  D  L  O  L  F  H  D  G  Z  O  A  Z  W  A  T  L  T
L  N  W  T  R  O  K  S  R  L  X  L  L  M  F  A  R  L
E  N  F  C  L  P  C  I  O  W  C  U  I  C  I  R  L
R  Z  L  D  G  R  T  H  R  K  W  H  C  D  T  N  C  U
H  D  S  F  E  D  P  O  K  Y  H  Y  Y  B  W  U  H  P
N  H  C  E  G  J  Y  X  T  R  S  M  T  K  Z  R  M  R
L  J  L  R  Z  F  Q  L  C  E  C  T  D  P  L  Y  R  L
D  A  E  D  L  I  V  E  D  M  L  X  A  T  M  G  R  Q
L  E  P  R  O  S  Y  X  M  W  F  L  L  L  N  E  F  B
H  T  R  E  H  S  U  R  C  T  I  R  I  P  S  R  M  G
```

CRYSTAL	MUTILATION	ZOMBIERITUAL
EMPTYWORDS	PAINKILLER	
EVILDEAD	PHILOSOPHER	
HUMAN	POWERITHOLDS	
KILLINGSPREE	PULLTHEPLUG	
LEFTTODIE	SPIRITCRUSHER	
LEPROSY	STORYTOTELL	
MOUNTAIN	SYMBOLIC	

METAL ARTISTS

```
P R L M N S X K S K U L L F L A M E
L E K B U H T R A M A N O M A K L Y
D Y E K R H P E T R U C C I G Y K W
F H O K Q W M S A L C O R Y P R M M
B R F X L L R R F S Z R X R A D V L
K I P G C U Y E W Y W V R N N R L R
K L R X T W O B X L R O O A P P Z D
R L M O F N R S P T R M L Q T J X X
R V R M N B S L E E P S T L Z V K N
U E R D R C Z Y W N I N N L A Z D O
O S A L O Q H N D K E G W D L G B S
S O M D B K L A R P D F T L J S A K
E R M K I N K A O K G W Z R C B F R
N T S C T L H E K S U F G U A B L Z
O N T Y U S H Q N L Y P R T F L P N
T O E H A T P P D K K A O V K R K W
S M I Q R C C B R B W N G Q L X B X
V K N Z Y V M D I C E D E A R T H Q
```

AMONAMARTH
BERSERK
DOKKEN
EDGUY
GALLOWS
ICEDEARTH
IRONCHAOS
KROKUS

MONARK
MONTROSE
OBITUARY
OBSCURA
PETRUCCI
PYROCLASM
RAMMSTEIN
SABATON

SHARKISLAND
SKULLFLAME
SLEEP
SOULKEEP
STONESOUR

NAPALM DEATH

```
P M M L U T I L I T A R I A N H K K
D E C I F I R C A S H V R H S H P N
N T T L C J W H B N N O P A E T Y I
E W K D G J N G D W T W L Z G R N A
F R N M I Q X N Y A L K N P A A K T
I H E J T A L L D Z C B X K R E L S
N F U W D J T E F A S Q G N E T Y B
K M K N O C R R B A N K L Y U I F A
E T N N G P X Q I R M L K O G F Q I
H L D K X R F D Q B I T L U A N M N
T D R E Y L A O R K E H N S L U U O
T Q P R M N K Y E K W S R U P V C I
S A T T D N H H H G X C Z F K E S G
I K Z D C T T N Y Y E N B F M R Y A
W N O P K Q L D L D Z I C E C M J T
T N W O L F I F E E D B S R X I Q N
E L L Y L R O T I A R T L I F N I O
Y N W O N K E B H T U R T N K C G C
```

APEXPREDATOR
BACKLASH
CONTAGION
DIATRIBES
HUNG
IABSTAIN
INFILTRAITOR
PLAGUERAGES

SACRIFICED
SAIDANDDONE
SCUM
SIEGEOFPOWER
THEKILL
TRUTHBEKNOWN
TWISTTHEKNIFE
UNFITEARTH

UTILITARIAN
VERMIN
WOLFIFEED
YOUSUFFER

ALL THAT REMAINS

```
D N A L E T S A W E C N R G F Q Y V
Y N P A S S I O N V T C O W T H J G
Z B C R L H D O D L N L X D L K J J
K H W N Y B G T T L O Z J Y L V R F
T M D L C N N B D L R P N J I O F E
K M K Y I D L E C W I N H C G Q H H
B R L T Y R T A K G H L T X N K M T
W H I S P E R S S O C O L M I M L A
S A R H J R N S Y T R R H W D Z K E
W T M M E M K B Z Y T B N E A R F R
Y L A D X E M L L S K I G A F E O B
D Y U N E A D A I U N P M R T G R I
L O K W D Z P X J V N N Z E O R Y R
L B O N X U W M H M T D K M N E O I
Z W E C N H P B K Y T W O A T T U A
T S R P T H I S C A L L I N G N G N
S T G N I H T O N S A W L Y E O M P
P K M E N O L A T O N L H H X T Q Z
```

AIRIBREATHE	NOTALONE	UNDONE
BROKEN	NOTFADING	VICTORYLAP
CHIRON	PASSION	WAITINGONE
FORYOU	REGRETNOT	WASNOTHING
HOLDON	SIX	WASTELAND
LASTTIME	STANDUP	WEAREMANY
LOUDER	THISCALLING	WHISPERS
MADNESS	TWOWEEKS	

METAL ARTISTS

```
H  K  M  N  Z  T  X  S  E  W  O  R  A  P  S  D  E  R
P  P  A  G  A  N  S  M  I  N  D  D  S  Y  N  G  K  M
M  P  P  N  E  D  I  A  M  N  O  R  I  I  H  Q  Y  K
D  V  M  K  T  Y  Q  F  D  R  F  X  H  T  R  L  Q  N
Y  L  G  R  L  P  I  C  T  U  R  E  O  M  O  R  T  Z
S  I  C  E  A  F  G  L  T  C  G  R  T  H  F  K  A  I
A  M  G  T  M  I  P  D  N  O  O  N  N  Q  W  L  N  H
T  M  N  S  R  M  N  J  J  G  R  U  I  L  P  A  R  D
A  O  U  E  L  F  H  A  R  T  M  M  L  N  I  L  B  I
N  I  O  F  N  Z  V  O  S  A  N  B  E  R  I  U  T  M
S  Y  Y  N  Z  H  G  P  Z  N  U  K  T  N  D  H  K  M
H  N  S  I  D  N  M  A  N  M  I  A  T  G  T  P  S  U
O  O  U  B  C  F  G  M  X  L  S  X  I  C  L  O  H  B
L  T  G  T  N  T  P  K  K  E  I  E  N  W  L  T  R  O
L  K  N  F  H  P  J  J  O  R  R  T  Q  M  N  F  R  R
O  Z  A  O  W  T  D  J  R  R  K  Q  D  D  Z  M  W  G
W  R  T  P  J  G  X  K  R  O  B  S  E  S  S  E  D  I
M  H  Z  D  E  C  N  A  M  O  R  C  E  N  Q  K  N  R
```

ANGUSYOUNG	JOESATRIANI	SHINING
AZAGTHOTH	KRISIUN	SIRRAH
BUDGIE	NECROMANCE	TONYIOMMI
DIMMUBORGIR	OBSESSED	TORMENTOR
GORGOROTH	PAGANSMIND	UNHOLY
INFESTER	PICTURE	
INSANIA	REDSPAROWES	
IRONMAIDEN	SATANSHOLLOW	

METAL ARTISTS

```
K R Y P T O N M K L C D M G X D H T
B W M I C K M A R S R D N M D T I S
O F L M X V B A W A A E X G X A H H
R R M V L R W B P R R B P G M M M I
K A K D B O Z P K Q R R R A L B M N
N E N H N V E T K H W U T T R N P E
A S M A S L H X Q T Y T L C L T L D
G Y M H F R V P T L M S Q K J B X O
A K M E O G O N L I J I N R U G T W
R S D N N F O M F N N D F O X N R N
R V E H J R T A A R N G R T F I Y N
M T W R T N J R T L N T E B H W J Z
I M P A C T O R B S O K L R Q T Y N
W L G F B D M T J P N S E E T H E R
M W P K N T P L L D X A Y D R G B W
Y R O L G N O S M I R C K X D I B L
Z M B S O I L W O R K N N E O N J P
M T L E G N A H T A E D M G X M N H
```

BORKNAGAR

CRIMSONGLORY

DARKTHRONE

DEATHANGEL

DEFLEPPARD

DISTURBED

EXTINGER

GOATSNAKE

IMPACTOR

KRYPTON

MANOWAR

MICKMARS

MOXY

NIGHTWING

SEETHER

SHINEDOWN

SKYSEAR

SOILWORK

SOLAMORS

TIAMAT

TROUBLE

ANTHRAX

```
Y  G  T  S  A  E  B  F  O  Y  L  L  E  B  L  Q  Z  Z
T  J  W  T  Q  P  R  E  D  I  R  H  T  A  E  D  Z  R
M  P  G  Z  E  V  I  L  A  M  I  S  M  X  D  T  I  Z
G  F  V  C  Q  N  C  M  N  T  L  O  N  Q  E  A  E  H
A  M  M  I  N  D  I  A  N  S  N  M  Z  T  V  L  M  V
N  N  K  K  V  B  F  K  C  X  I  N  X  N  I  R  O  I
N  X  T  Z  I  I  C  C  K  H  W  I  O  H  L  M  H  N
G  L  T  I  G  A  Y  T  E  M  T  T  H  X  Y  L  E  T
R  C  N  H  S  B  M  L  H  R  L  H  G  K  O  H  F  H
M  X  T  W  T  O  A  T  N  W  I  G  N  N  U  A  A  E
M  E  D  R  G  N  C  E  H  O  V  U  U  M  K  S  S  E
M  K  R  K  I  H  S  I  M  E  E  A  G  L  N  U  F  N
N  R  N  F  N  U  C  L  A  K  L  C  F  V  O  D  G  D
N  H  F  Q  O  L  J  Q  N  L  K  A  T  R  W  E  C  C
N  Z  F  H  Q  T  M  Z  B  T  W  N  W  Q  G  M  Y  J
T  P  D  K  G  O  T  T  H  E  T  I  M  E  T  T  K  N
H  A  Y  R  K  D  R  L  L  A  D  N  E  L  L  A  E  B
M  R  C  I  S  U  M  P  I  H  S  R  O  W  R  L  J  K
```

AIR	FIGHTEM	MADHOUSE
ANTISOCIAL	FINALE	MEDUSA
BEALLENDALL	GOTTHETIME	ONLY
BELLYOFBEAST	GUNGHO	SAFEHOME
CAUGHTINMOSH	IAMTHELAW	WORSHIPMUSIC
DEATHRIDER	IMALIVE	
DEVILYOUKNOW	INDIANS	
EVILTWIN	INTHEEND	

MASTODON

```
W  J  T  B  D  E  R  W  N  H  R  F  R  F  N  E  X  Y
D  G  S  X  R  V  T  N  K  E  I  K  M  J  M  L  N  K
A  C  A  F  W  I  R  H  A  R  M  B  R  B  Z  E  M  E
O  R  E  M  P  L  A  T  E  H  J  H  E  P  S  K  F  S
L  A  B  N  L  A  I  A  R  N  T  R  C  O  N  T  R  R
R  C  A  O  N  S  N  H  Q  O  C  A  O  R  T  J  E  U
E  K  E  D  K  T  W  Z  V  I  H  L  I  W  I  D  X  C
H  T  S  O  S  R  R  H  T  V  S  I  L  V  N  B  F  N
T  H  L  L  X  A  E  Y  M  I  M  R  G  U  E  R  D  A
O  E  P  A  W  E  C  N  F  L  X  Z  H  H  R  L  O  T
M  S  I  G  S  H  K  L  Y  B  Y  T  N  G  R  L  G  L
F  K  R  E  B  T  O  W  R  O  D  G  N  D  Z  O  R  U
M  Y  O  M  J  W  B  X  N  O  C  L  F  M  N  K  A  S
T  E  N  Y  P  P  J  A  O  T  H  E  C  Z  A  R  U  D
T  X  T  H  K  W  N  L  R  K  H  K  N  B  X  R  G  K
J  M  U  H  T  Z  B  N  P  O  T  T  M  M  T  R  A  H
Q  X  S  B  L  A  C  K  T  O  N  G  U  E  H  N  J  F
V  V  K  X  N  S  N  O  I  T  A  N  I  V  I  D  P  M
```

BIRCHMEN	HIGHROAD	SEABEAST
BLACKTONGUE	IRONTUSK	SULTANCURSE
BLOODTHUNDER	JAGUARGOD	THECZAR
CRACKTHESKYE	LASTBARON	TRAINWRECK
DIVINATIONS	LEVIATHAN	WOLFISLOOSE
EMBERCITY	MEGALODON	
FIREANTS	MOTHERLOAD	
HEARTSALIVE	OBLIVION	

DRAGONFORCE

```
D G K D A U Q S H T A E D M V N F F
D A E D S I N U S M Q W M P O R L Q
Y H E R O E S J R D R R Z I M N K K
D E F E N D E R S N O X T T A P C T
F R N B N T M B D T T U C S X G T F
N T B R Y N W F S Y L S H K R K H I
Z O N N U K G F L O K E L R L N R R
Q C M M G O O C V W S M N T M O E E
T R C O W Y J E Q O Q A T F M G E B
L Y X O R X R T F P E L R P S N H U
E T N U B E Y D S R S F H I L I A R
M H F G G L A J I A T N L L T D M N
A U B H J W I F P W L E O V V L M S
G N L M N W R V R N N R R S F O E N
E D H L K A C M I C R I M T A H R P
H E W Q T R J V E O R F W T B E S P
T R V S R R C X C V N M Y W T B S L
M T D N U O P N D N U O R G K F N M
```

ASHESOFDAWN	HEROES	STARFIRE
CRYTHUNDER	HOLDINGON	SUNISDEAD
DEATHSQUAD	LASTJOURNEY	THEGAME
DEFENDERS	NOMORE	THREEHAMMERS
FIREBURNS	OBLIVION	
FIRENFLAMES	REVOLUTION	
FURYOFSTORM	SEASONS	
GROUNDNPOUND	SILENCE	

OZZY OSBOURNE

```
R  M  N  I  S  E  T  A  M  I  T  L  U  J  M  F  M  F
H  E  R  E  M  R  H  G  I  H  G  N  I  Y  L  F  L  B
B  V  S  V  Y  H  K  I  D  O  N  T  K  N  O  W  L  L
N  A  T  I  J  B  F  B  K  Q  O  R  R  X  R  I  K  T
O  S  R  K  A  K  D  G  M  R  R  N  L  E  Z  T  B  I
I  O  A  K  F  R  M  O  D  Q  L  I  M  Z  J  H  X  M
T  T  Q  T  A  R  L  I  O  N  T  A  A  N  M  E  G  C
A  I  K  M  O  T  N  L  B  G  E  R  C  B  X  O  V  O
L  R  N  L  B  A  M  M  E  R  D  T  B  M  E  T  W  M
E  E  T  C  R  C  X  O  D  H  P  Y  R  T  F  H  Y  I
V  D  R  Y  H  V  H  R  O  T  J  Z  H  M  I  E  M  N
E  R  M  V  N  N  P  Z  R  N  V  A  N  G  L  R  F  G
R  A  N  O  M  O  R  E  T  E  A  R  S  W  Y  S  H  H
N  T  K  W  M  G  M  P  N  T  W  C  O  W  M  I  Z  O
P  B  L  A  C  K  R  A  I  N  X  R  Y  M  L  D  N  M
X  M  Z  K  N  T  M  W  B  F  C  J  C  T  L  E  P  E
C  K  X  H  W  O  J  M  G  R  A  V  E  Y  A  R  D  B
Q  T  K  R  W  R  T  W  M  Z  L  E  T  I  T  D  I  E
```

ALLMYLIFE	GRAVEYARD	REVELATION
BARKATMOON	HELLRAISER	SATO
BLACKRAIN	IDONTKNOW	SOTIRED
BLIZZARD	IMCOMINGHOME	THEOTHERSIDE
CRAZYTRAIN	LETITDIE	ULTIMATESIN
DREAMER	MRCROWLEY	WOMAN
FLYINGHIGH	NOMORETEARS	
GOODBYE	ORDINARYMAN	

YNGWIE MALMSTEEN

```
T  M  K  R  R  E  B  M  E  M  E  R  T  N  O  D  N  V
C  Q  H  Q  U  E  E  N  I  N  L  O  V  E  R  M  G  L
J  G  T  K  S  E  G  A  K  R  A  D  E  L  T  D  I  D
M  K  W  B  X  B  K  R  R  L  D  C  M  Z  K  A  S  E
G  N  I  Y  R  C  Y  M  M  P  R  N  V  F  R  F  H  M
B  L  A  C  K  S  T  A  R  O  E  E  R  J  B  I  T  O
K  R  V  V  P  Q  W  Q  F  G  N  G  K  Y  R  R  N  N
W  F  K  Y  T  W  A  G  L  G  U  D  G  L  Q  E  E  D
P  J  N  Q  K  L  N  P  E  M  S  N  R  I  N  L  V  R
B  C  T  N  Z  I  A  A  C  R  E  K  O  E  O  H  E  I
R  W  W  X  S  X  N  L  I  R  H  S  M  D  A  S  S  V
P  A  M  I  R  C  G  K  D  F  T  J  P  N  L  M  N  E
D  Y  R  J  E  C  E  B  N  G  D  Y  P  I  V  O  O  R
L  L  M  Y  H  Q  L  R  A  B  N  K  M  K  L  T  H  N
C  X  P  M  T  Y  W  V  E  R  O  V  X  G  T  C  Y  V
Z  P  V  N  O  N  V  Q  R  J  Y  P  B  G  M  R  E  D
L  Q  Y  M  R  V  Y  M  I  R  E  T  B  D  U  W  P  V
Q  R  P  L  B  Z  P  D  F  Q  B  T  V  F  X  F  N  N
```

ANANGEL
ARPEGGIOS
BEYONDTHESUN
BLACKSTAR
BROTHERS
CRYING
DARKAGES
DAWN

DEMONDRIVER
DONTREMEMBER
DREAMON
ECLIPSE
FIRE
FIREANDICE
FURY
HOLDON

LIAR
QUEENINLOVE
RISINGFORCE
SEVENTHSIGN
VENGEANCE

Puzzle #87

METAL ARTISTS

```
S Y A W A N U R W Z N R M C J R V C
D R O P D E A D R I K A X M D M R G
K B L M R N R K A K X B V N T R X K
Y G D Z C A K R G L Z U M A K Y T N
N L X R W R G Y T A R F G L M P R O
R E I G O Y Z W Y T H M L L D H G C
B C K V M W L Y M A J M B I H R C K
W T M A I M S U K R X Y N G E A T E
D B D Y H N I E Q K P N V N W I K D
L Q X N L T G B H A C L E A Y M O L
K C G E N J N C L T Q W R I X E P O
H G P E V W B K O V A T M X T D E O
H P L N Z I Z K X L O X B M T I T S
K I P M Y V L N R R O P E K T P H E
S R B P N X B E N T K R G L W E Z L
R T P Q T E I B M O Z B O R F T Y D
K G K H N C O L O S S E U M N J M L
L T S O A D P T N K R D L Z R M K N
```

ATARKA	HAKEN	RUNAWAYS
COLOSSEUM	IANGILLAN	SILENTIUM
DROPDEAD	KNOCKEDLOOSE	SOAD
ELF	LIVINGCOLOR	THESWORD
EPIDEMIA	MYGRAIN	WARTORN
EVILE	OPETH	
FUBAR	RENEWAL	
GWAR	ROBZOMBIE	

SPINAL TAP

```
Y T U D Y V A E H Y R R Y M N K N P
K F R N U S Y A D Y N I A R J S R G
K D L M O T T O B G I B N M E M R B
Y A E O Z M L L F F R V B X E K P Z
G E M M W D M X R V Q H F G X K R L
O D I K W E M T R R D A N Z Y T Z P
N E T R Q K R Q K L R E C K K V W T
N H G J Q N K P R M H N L I N Q N D
A T N U N W C E E E V M R I R A H K
R M I S B T M L N O J W T J V E Q N
O O R T B K B O X P P B Y A C E M K
C R P B M L T H M L D L R L M T R A
K F S E K S D L B L Y A E J G N R Y
Y T G G F C E L T I C B L U E S V N
O L J I N Z F E R M T Y T K R T H V
U N C N M H X H A L D W P X V V D V
V T H Z N K C L N R E V E F A V I D
B I T C H S C H O O L C R P N M X T
```

AMERICA
BIGBOTTOM
BITCHSCHOOL
CELTICBLUES
CLAMCARAVAN
DELIVERY
DIVAFEVER
FLOWERPEOPLE

FROMTHEDEAD
GONNAROCKYOU
HEAVYDUTY
HELLHOLE
JUSTBEGIN
RAINYDAYSUN
SEXFARM
SPRINGTIME

STONEHENGE

EXODUS

```
H B C A J U N H E L L T M K M V M V
L M G T W N Q J K N R L T E L C N R
J F U N E R A L H Y M N T H F M B C
N C A L L T O A R M S A S U D O X E
M W N F X T C D V Z L Z C R Y K R R
L O E V M T O X I C W A L T Z Y T E
A R G L P H H R O W Y D B Y P C N I
H T A Y B L X M Y T C R N D A L B D
N H R G W L M T Y G A H O T R C V O
A L F G F A A H G I C O O M A M L T
R E O M N D J C N T L I C J D N M Y
I S S D T X O D K B R E R L I I R A
P S M W V R E W Y L X F Z C S M N D
R G R R W A K B N F I P R A E P L D
Q O A P D G D M B F V S N Z R A T O
N D M M Y N V J H P A L T F F L L O
T B L T O L M T F D N L G B T E X G
G T R B X R S R O Z A R L A B R E V
```

ARMSOFRAGE
BLACKLIST
BONDBYBLOOD
BRAINDEAD
CAJUNHELL
CALLTOARMS
DOWNFALL
EXODUS

FUNERALHYMN
GOODDAYTODIE
IMPALER
METALCOMMAND
PARADISE
PIRANHA
RAZE
RIOTACT

TOXICWALTZ
VERBALRAZORS
WORTHLESSGOD

METAL ARTISTS

```
L  M  M  L  D  R  O  W  N  I  N  G  P  O  O  L  Z  W
K  V  L  H  T  U  O  K  C  A  L  B  C  Z  J  J  R  X
R  L  D  L  Z  Z  P  X  Q  M  X  R  R  I  T  R  N  M
K  D  K  T  G  C  Y  T  X  C  P  Q  E  Z  N  K  C  E
V  H  S  E  L  F  D  O  G  R  Z  C  A  Y  N  Y  R  V
L  F  R  W  L  E  N  Y  Y  T  O  R  T  G  A  U  C  R
L  L  X  D  H  L  N  C  T  L  I  Y  R  V  M  L  B  D
K  O  R  N  R  Y  A  D  L  A  N  Q  M  M  C  L  S  W
M  W  U  W  L  M  D  E  I  R  N  M  E  Q  P  E  L  I
E  E  N  D  I  M  R  T  N  A  N  Q  J  X  R  T  W  T
R  T  M  R  B  O  Q  P  M  G  R  Q  D  P  F  A  H  C
C  I  P  J  M  L  H  B  J  A  R  O  L  N  H  R  V  H
Y  H  M  M  V  T  A  P  N  H  K  V  N  K  N  E  O  C
L  W  O  Q  D  V  Q  S  T  Y  H  T  N  K  T  N  W  R
E  T  K  D  J  G  N  M  T  M  L  W  B  E  D  I  W  A
S  W  M  A  N  G  I  N  I  M  D  R  S  H  G  C  O  F
S  P  G  N  A  B  K  R  Q  A  K  L  M  M  X  N  W  T
P  Q  N  H  P  R  Z  Y  P  S  A  V  P  H  D  I  T  M
```

BANG	LOUDBLAST	VOWWOW
BLACKOUT	MANGINI	WHITEWOLF
CYNIC	MERCYLESS	WITCHCRAFT
DROWNINGPOOL	PRIMACY	ZARIA
EMMURE	SAMMYHAGAR	
ENDIARON	SLAYER	
GODFLESH	TESLA	
INCINERATE	TOMMORELLO	

METAL ARTISTS

```
M F W P R K G T N T P O G I T R E V
B R K W R N M E H C Y R S N E E U Q
M K A W O L V H A M M E R F X R G R
V H H T T N D T F V Y J X K J R T T
B B T H T I A Z P L D C T P A Q H J
F E O T M A V Q R N W L Z Z M E H S
Y Y G A W R E N Z V K A O R C M T D
C O T B N B M F E X N R R H D E J B
N N S D M C U C H X W T A L H Z K T
E D A I B M R D W C E S V P O F G S
G D E C M O R Z M P M H O T G R G L
R A A A Y K A T Y X Y R E O V N D I
U W Y R M C Y K H K P C K B R X N K
S N R F T I Z M R T M K W R R Y J T
N N D L C N V M S R C B W U B H B O
I Z C K N R N O K I J B Z K N G W X
C V L L R T L A R M N H K N N F Q I
K L W H N M P P M Z K F P K R M V K
```

ACIDBATH
BEHEXEN
BEYONDDAWN
DAVEMURRAY
EASTGOTH
INSURGENCY
LOSTPROPHETS
MANNTRA

NICKOMCBRAIN
PRICK
QUEENSRYCHE
RATT
RAZOR
SLIKTOXIK
THECHASM
TNT

TOBRUK
VERTIGO
WARLORD
WOLVHAMMER

TRIVIUM

```
Q T N A I F E D T Y D Y M S T H N Z
Y V W M F B H D B S M O K T B H T B
I N W A V E S R I A U Z T R J C K Y
E H L K L R T C K T N K R I Z M M L
P T M I N P K B H J N T V F Z T Y E
Q W U T G N H O Z N Z K H E H Y N M
R G Q S E H F L G R M T L E E C R O
T B K S I H T M D R N L W R M N U T
H M S H E R N T T Y A B U M R A B N
E T C L R U I R O F R T H M E D D I
C N L V G K Q K O F R F T K D N L D
R Z I O T Y T N N A L M K R R E R E
U W H A X N S R P M L I K H A C O E
S S H D R T H E S I N L E N H S W L
A D N K Z D D K D B L R W S L A M B
D J H K D Q M L L A F O T T L I U B
E F R E V A N C H I S T J T U T N Z
R G N R B X Y X M G L F G M P H R W
```

ANTHEM
ASCENDANCY
BLEEDINTOME
BUILTTOFALL
DEFIANT
DEPARTURE
INWAVES
KIRISUTE

LIGHTTOFLIES
MOUTHOFHELL
PULLHARDER
RAIN
REVANCHIST
SHOGUN
SICKNESS
SNOFALL

STRIFE
THECRUSADE
THESIN
WORLDBURN

QUEENSRYCHE

```
J  K  I  L  L  I  N  G  W  O  R  D  S  Z  B  M  L  K
M  Y  R  K  R  N  A  M  O  W  Y  T  I  C  T  E  J  V
M  Q  E  N  Q  U  E  E  N  O  F  R  E  I  C  H  V  H
R  N  D  F  L  R  E  D  I  R  T  H  G  I  N  N  O  T
Y  K  E  O  Z  V  H  R  L  J  G  L  M  R  A  L  X  R
T  A  M  S  Z  Q  Y  G  R  M  X  Q  L  C  D  N  N  E
H  E  P  E  F  M  T  E  S  N  H  T  I  O  P  B  E  A
G  P  T  Y  P  Q  G  G  L  I  D  T  F  P  R  T  M  L
I  S  I  E  N  N  J  N  M  E  S  F  R  I  T  Z  P  W
N  F  O  G  A  O  Q  Z  D  E  L  T  D  F  Q  B  I  O
Y  N  N  R  J  B  I  N  B  A  Y  G  E  L  L  F  R  R
N  W  T  K  Q  D  I  S  M  L  E  M  J  R  K  Q  E  L
I  S  H  G  M  L  Y  E  S  H  Z  D  R  K  M  J  K  D
A  L  R  I  B  F  G  N  J  I  G  L  J  H  G  A  Y  J
R  P  C  L  S  N  T  K  K  T  M  V  N  Z  R  P  R  Q
Z  K  F  G  P  P  R  O  M  I  S  E  D  L  A  N  D  Y
B  N  G  Z  B  Y  E  P  X  J  M  L  H  K  N  F  L  N
G  M  Y  D  E  M  E  R  C  I  X  O  T  T  J  R  V  W
```

ASTRANGER	KILLINGWORDS	SPEAK
BESTICAN	NIGHTRIDER	THEMISSION
BLINDED	PROMISEDLAND	TOXICREMEDY
BRIDGE	QUEENOFREICH	WHISPER
EMPIRE	RAINYNIGHT	
EYESOF	REALWORLD	
HOLDOFFLAME	REDEMPTION	
JETCITYWOMAN	SISTERMARY	

CANNIBAL CORPSE

```
R F M W V O M I T T H E S O U L N L
F L J C I M D R T B G U P H K O T S
N D K R L T L Y R B O F M L R V O E
C D E P F T H E N Y P J C E R W R I
X K R R H J M A L Z G F M T T H T B
X L D L U A B L K D X O K K N P U M
T F Q I I G I V L N R K X E R L R O
V M X M B K I L J S I X K C B E E Z
H T E B L A T F E G B F D A F S Q F
N D J L L T R J S Q M M E F K O M O
E V I S C E R A T I O N U D B P E T
M W T Y P V E F L Y D S H E D M A I
I C Q K D R T D L R M M L H R O T P
B L X W C K V B I E Y W K S T C H V
T S U D O T N I H N J B L A L E O L
Z P M Y N W D T D Z G N P M J D O M
I R O N S C O U R G E N Q S R O K M
L R R E M O C E B R O L L I K T Q K
```

BLEEDING
DISFIGURED
EVISCERATION
INTODUST
IRONSCOURGE
IWILLKILLYOU
KILLORBECOME
MEATHOOK

NOREMORSE
PITOFZOMBIES
RABID
REMAIMED
SMASHEDFACE
THEMSUFFER
TODECOMPOSE
TORTURE

VOMITTHESOUL
WITHAKNIFE

SUBGENRES

```
Y Y L V N K L K S V T N E L K D P K
R Z P R F K B Y T R H R S T W B P C
T J W T K M M L M M J H E L A K V Z
G F V C O P L A A J R W V M U R L T
N L M O H R L F T C P L I N K D I J
Z Y D O D G T L F J K D T C K W G P
R K N E B V F N Q D K E A H P F W E
H I E L P O W E R Y K A N R Q R M N
C P W J L H H L N B T T R I L A H T
S C N K K J M Q A R N H E S F P N F
V T Y N D N C C Z I V R T T P U Z K
M G O T H I C N P J R W L I B C N J
D J E N T T L M C H R T A A M J V K
E R O C L A T E M S E V S N N I Y R
F T H G H G L L M A N T Y U K X L C
T N N R T V P B M R O L Y I D D Q R
R T X L J R M K L H T D N L M N T L
W N V X W E N N N T S G T P N F I W
```

ALTERNATIVE

BLACK

CHRISTIAN

DEATH

DJENT

DOOM

FOLK

FUNK

GLAM

GOTHIC

INDUSTRIAL

METALCORE

NEW

PIRATE

POWER

RAP

SLUDGE

SPEED

STONER

SYMPHONIC

THRASH

VIKING

KILLSWITCH ENGAGE

```
E D A N E R E S T S A L P Q D G B G
J U S T L E T G O C S S Z P Y N K R
H T A O S I H T E I T E D T Q I H T
V T Z T T D N X G M S I M J S N X K
T J N U W N C N T O I D E H K O K B
H D D L N J A K O M T T T K T K L Q
I D L F L L P L S P A H E R G C R N
S K Q X F P E A P N X G B U H E T Y
F L T I G M V A R H P I Z D D R K R
I V R R T E N A S R H L J N R N J A
R E K U M X C P W H Z Y D C R T I H
E B C E N N H B K M E A B K K R L S
N X J V I M L D L H Y D V L N G A F
Y T H O L Y D I V E R C Q J M X L O
R E V O G N I T R A T S U M B T W E
V D T Q A R M S O F S O R R O W A S
K G L F N K T T W V X R Y J S R Y O
P O O T N E K O R B M I M V K E S R
```

ALWAYS	JUSTLETGO	STARTINGOVER
ARMSOFSORROW	LASTSERENADE	THISFIRE
CUTMELOOSE	LOST	THISOATH
DAYLIGHTDIES	MYCURSE	UNLEASHED
HOLYDIVER	RECKONING	
IMBROKENTOO	ROSEOFSHARYN	
INCARNATE	SAVEME	
INDUETIME	SIGNALFIRE	

SUICIDE SILENCE

```
M  K  O  V  E  R  L  O  R  D  M  D  M  T  R  R  B  M
X  J  R  L  C  H  D  R  K  C  X  M  E  R  N  K  Z  M
C  E  A  S  E  T  O  E  X  I  S  T  M  T  A  G  H  Y
Q  R  T  L  T  M  F  D  C  O  R  E  U  D  F  W  Q  N
T  W  A  K  E  U  P  E  Y  Z  L  Y  N  R  M  I  S  W
V  J  M  N  W  K  S  C  R  T  D  I  A  J  R  V  L  O
W  Z  B  H  L  M  Y  N  D  T  L  G  N  E  T  X  N  R
K  Z  B  L  A  T  M  O  C  B  M  C  S  S  U  V  X  C
H  Z  N  S  I  T  W  E  A  J  J  B  W  A  H  S  G  T
G  T  H  P  G  N  D  V  N  L  J  D  E  E  S  P  M  I
Z  E  O  G  E  B  N  I  T  W  Z  P  R  S  N  E  G  R
D  N  N  K  X  R  Z  L  S  D  Y  N  E  I  W  T  R  E
N  T  O  O  V  H  X  Y  T  E  L  N  D  D  E  S  Y  H
P  M  L  K  C  H  H  L  O  H  N  B  L  E  S  O  Z  N
S  I  R  O  D  I  N  N  P  K  Q  G  M  H  S  W  X  I
N  B  N  X  Q  C  D  O  M  N  X  N  A  T  E  T  Q  V
V  K  F  C  R  K  R  E  E  Q  H  N  L  G  Y  Y  R  K
T  Q  W  P  M  T  H  E  N  S  H  E  B  L  E  D  H  F
```

BLIND	LIFTED	SWARM
CANTSTOPME	MELTDOWN	THEDISEASE
CEASETOEXIST	NOPITY	THENSHEBLED
DISENGAGE	OCD	TWOSTEPS
DORIS	ONLYLIVEONCE	UNANSWERED
EYESSEWNSHUT	OVERLORD	WAKEUP
GENOCIDE	SMASHED	
INHERITCROWN	SMOKE	

MOTORHEAD

```
M R T H E G A M E K R M H M Q L K C
Q D Y D A B O S M I Z N E S D I F T
A F T E R S H O C K O N L I A N Z J
Q N D Z C H K T M C S L L L E E N D
M X K Y Q V G L L R E X R O H I X A
P O I S O N K A P D D N A P R N Q M
T M X N M N S Y L N A P I O O T M A
L M T X O S K L L F P N S R T H L G
L R G K M R I J S G S D E T O E L E
E B K I L K T C N T F K R E M S O C
H F L N R N R A N V O R Z M R A R A
E B N E M O E E M N E N T T D N N S
S Q V T P L N B M S C W E F G D K E
I O W G C F O F C M A Q Q D N H C B
A J N Y W M W R I W A G N K E R O R
R T A M B V K M L S V H R C K A R B
G T V E Z T K N M X T L J O R G D J
S C R K J X R S G N I K F O G N I K
```

ACEOFSPADES	KINGOFKINGS	RAISEHELL
AFTERSHOCK	LINEINTHESAND	ROCKNROLL
BOMBER	METROPOLIS	STAYCLEAN
DAMAGECASE	MOTORHEAD	STONEDEAD
HAMMER	NOCLASS	THEGAME
HELLRAISER	ORGASMATRON	
IMSOBAD	OVERKILL	
IRONFIST	POISON	

METAL ARTISTS

```
H M D K C I N L O K S X E L A V Q I
N K X D J K S I R N A I S R E P F R
G T F E T K U S P A H N R A N C H O
Q W K V Z W N N D C L D D M D M X N
I C T A Q N M M D C R N H A R F G R
N L K L Z K F J M E N Y E C R M O E
F C T S P N V K Q M R H P V T Z R A
E B D N N R Q L N N R O W T T J K G
C T E E H S N A B A R F A I O D V A
T S T L Q T X C W L U K T W P D N
E O Z T B R B J F C Y S B X H O S Q
D H K I N G D I A M O N D L W M H Y
L G R M D N U O H F A E L N U T Y N
R T V N V Y X L Z N S T H E M O M M
M G X H Y M N R X O T E J N V D S X
V F P Y J W H H D Z L P Z G M H N X
K A M E L O T O J L L W L E T M G M
Z R M K Q L M F W T W R R L Z Y M X
```

ALEXSKOLNICK
BANSHEE
CRYPTOPSY
DOWNHELL
ENGEL
ENSLAVED
GHOSTBC
INFECTED

IRONREAGAN
KAMELOT
KINGDIAMOND
LEAFHOUND
PERSIANRISK
SKITZO
SODOM
SOULBURN

SPAHNRANCH
UNDEROATH
WARHEAD

METAL ARTISTS

```
P L A G U E L V Y B H Y K V I X W M
G F R P G F P T E G W M N T N R F T
L S E T A G E H T T A O H E T A P M
E R N M Z H E J K N M B D G R N K R
R D A D B R B Y W E T I K R U G N F
E E I N I D K M D Y R N X J S E W H
G K C T T R S T I B J N L G O L O Y
U R N N H H H A G S T T K K R W R N
R E S R A G R N V Z F K N L Z I B K
G M S C I R I A N A W I F T K T X X
I M E N K Y T H X K N Y T G C C E R
T A R Q D L K E X R H T L S M H R Z
A H T J J L R C P H V Q D V C L J M
T L S N N I L U C A T U R I L L I Z
E L I K F B M X N N W X J L H K N M
M E M Y N T T E M M A H K R I K H X
C H K M T X X R M T T R W R L L L G
Q S Z Q K T T G E C H O B R A I N G
```

ANGELWITCH

ANTHRAX

ATTHEGATES

BEHERIT

DYINGBRIDE

ECHOBRAIN

HELLHAMMER

HIGHTIDE

INTRUSOR

KIRKHAMMETT

LUCATURILLI

MISFITS

MISTRESS

NEXT

NIGHTDEMON

PLAGUE

REGURGITATE

REXBROWN

SAVANT

SKYFIRE

TRANCE

IRON MAIDEN
Puzzle # 1

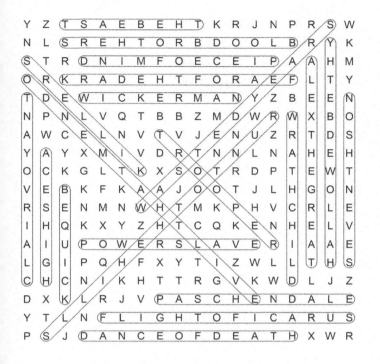

METAL ARTISTS
Puzzle # 2

METAL ARTISTS
Puzzle # 3

LAMB OF GOD
Puzzle # 4

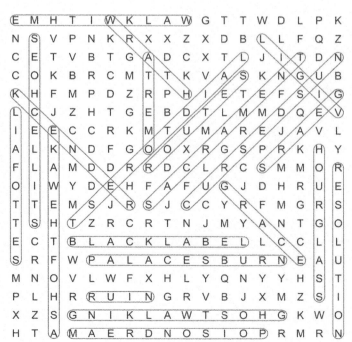

JUDAS PRIEST
Puzzle # 5

BLACK SABBATH
Puzzle # 6

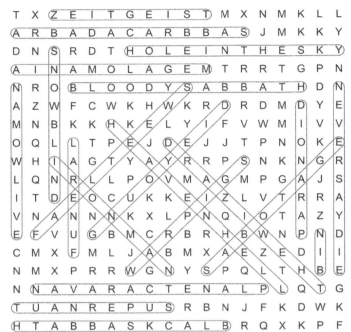

METAL ARTISTS
Puzzle # 7

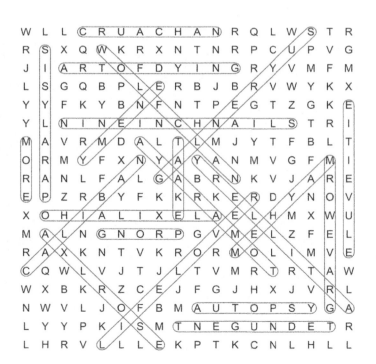

BEHEMOTH
Puzzle # 8

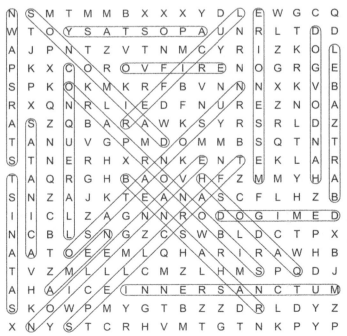

MOTLEY CRUE
Puzzle # 9

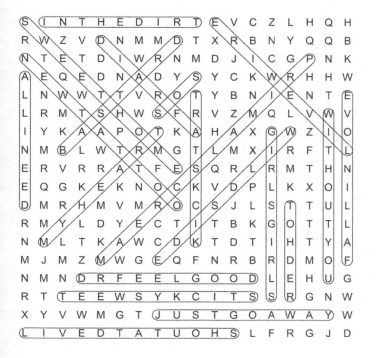

METAL ARTISTS
Puzzle # 10

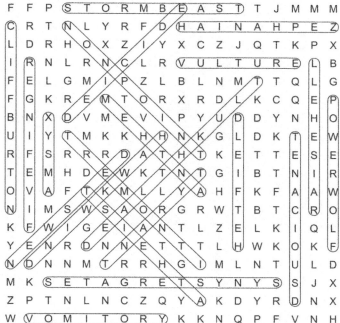

METAL ARTISTS
Puzzle # 11

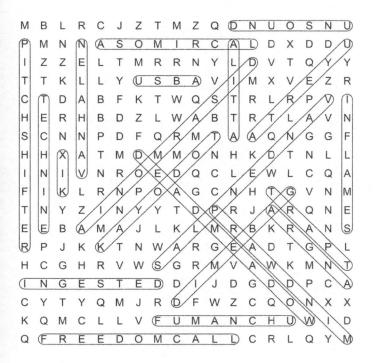

METAL ARTISTS
Puzzle # 12

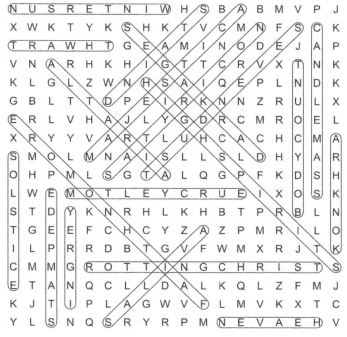

AMON AMARTH
Puzzle # 13

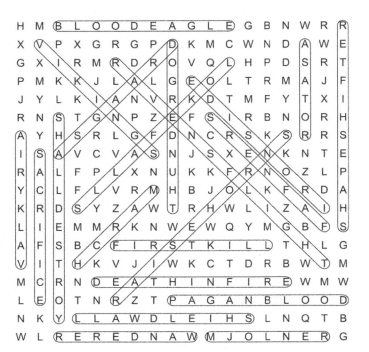

METAL ARTISTS
Puzzle # 14

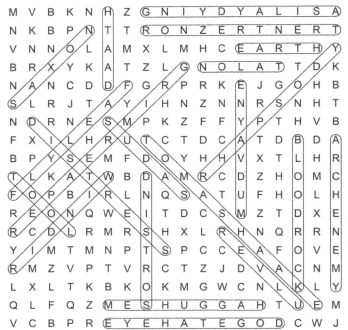

METAL ARTISTS
Puzzle # 15

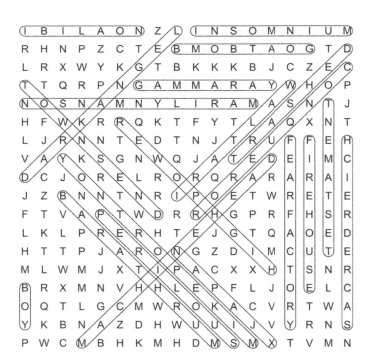

METAL ARTISTS
Puzzle # 16

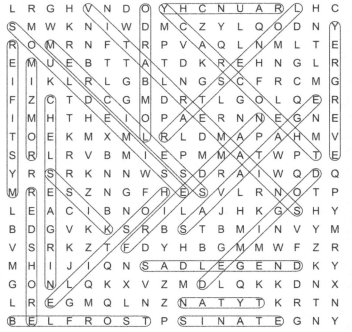

MEGADETH
Puzzle # 17

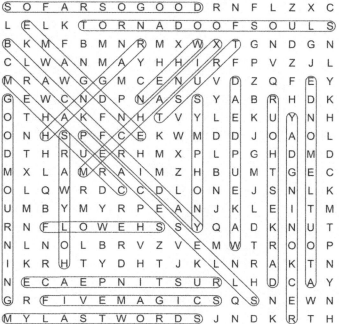

METALLICA
Puzzle # 18

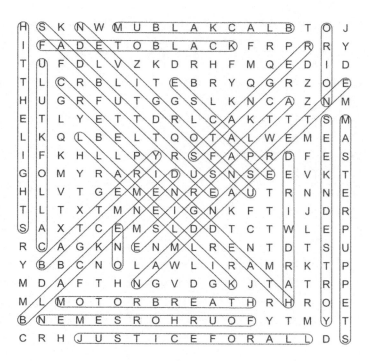

METAL ARTISTS
Puzzle # 19

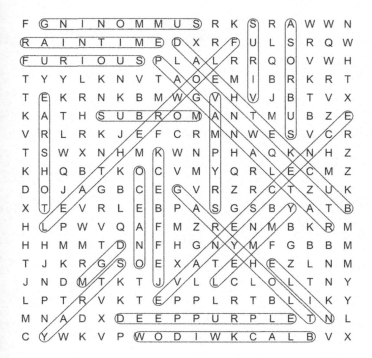

RAGE AGAINST THE MACHINE
Puzzle # 20

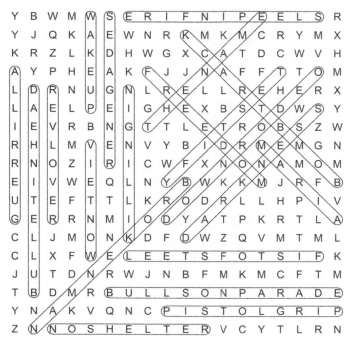

MORBID ANGEL
Puzzle # 21

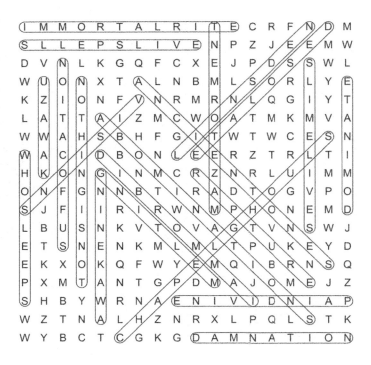

METAL ARTISTS
Puzzle # 22

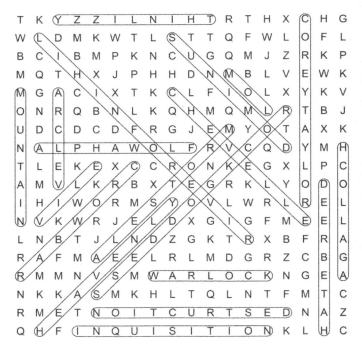

SEPULTURA
Puzzle # 23

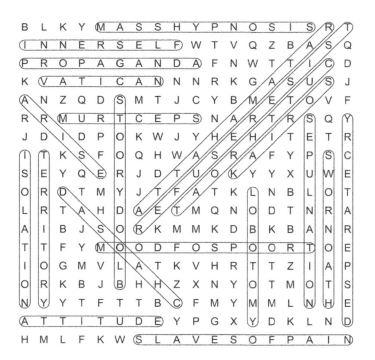

METAL ARTISTS
Puzzle # 24

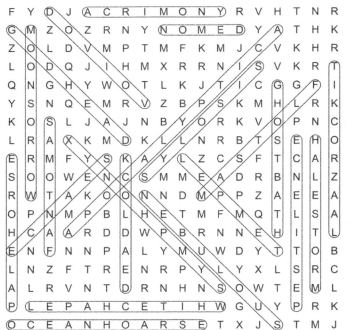

METAL ARTISTS
Puzzle # 25

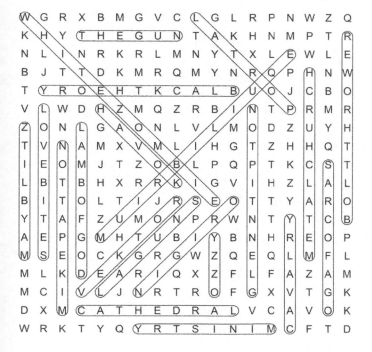

AVENGED SEVENFOLD
Puzzle # 26

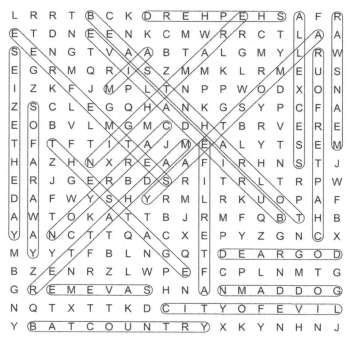

ALICE IN CHAINS
Puzzle # 27

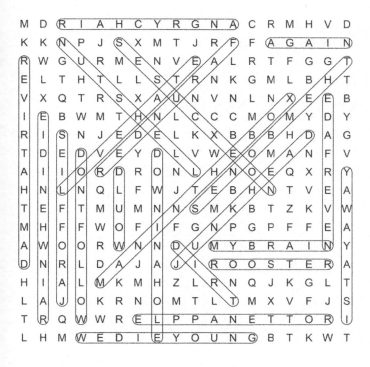

DEEP PURPLE
Puzzle # 28

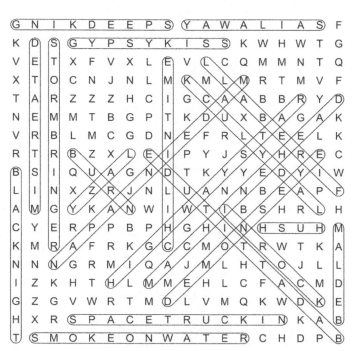

GOJIRA
Puzzle # 29

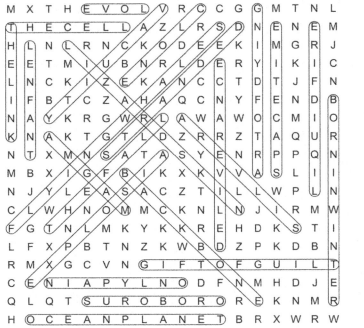

ROB ZOMBIE
Puzzle # 30

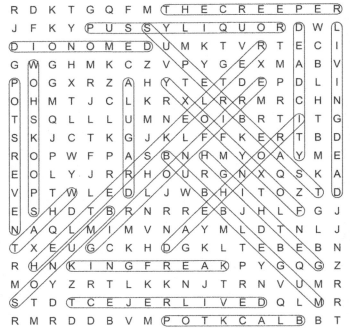

TOOL
Puzzle # 31

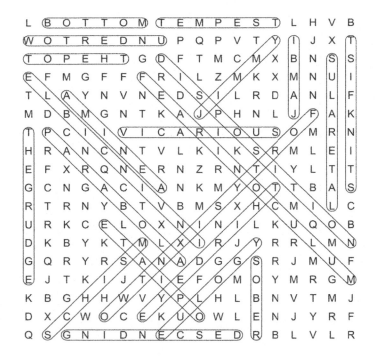

HELLOWEEN
Puzzle # 32

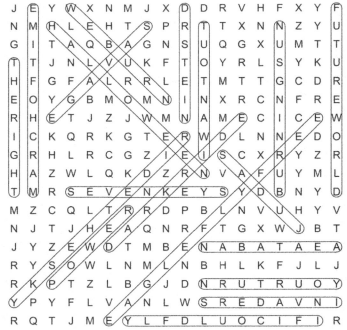

METAL ARTISTS
Puzzle # 33

METAL ARTISTS
Puzzle # 34

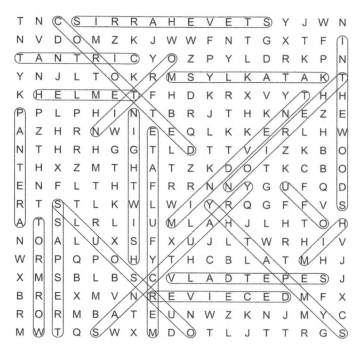

METAL THEMES AND TERMS
Puzzle # 35

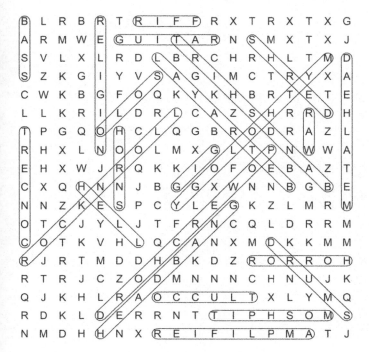

MACHINE HEAD
Puzzle # 36

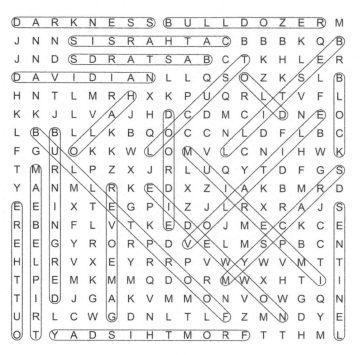

PANTERA
Puzzle # 37

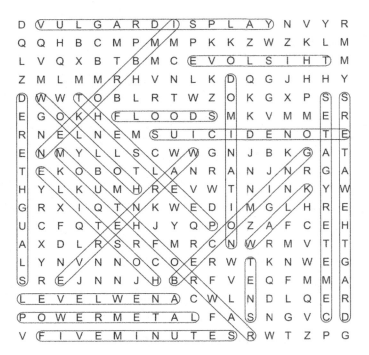

METAL ARTISTS
Puzzle # 38

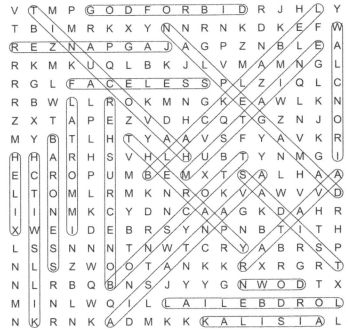

METAL ARTISTS
Puzzle # 39

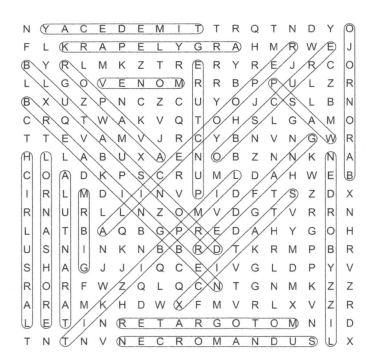

METAL ARTISTS
Puzzle # 40

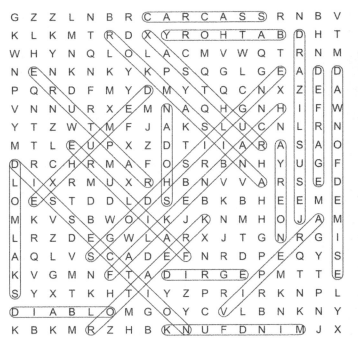

METAL ARTISTS
Puzzle # 41

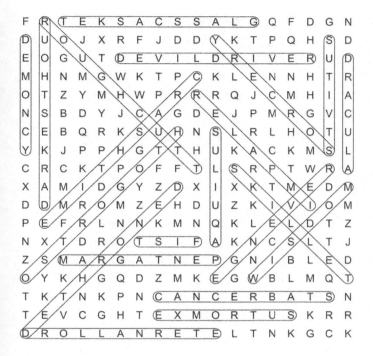

MESHUGGAH
Puzzle # 42

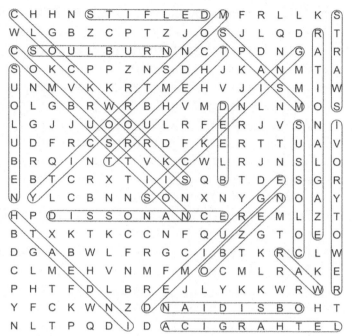

METAL ARTISTS
Puzzle # 43

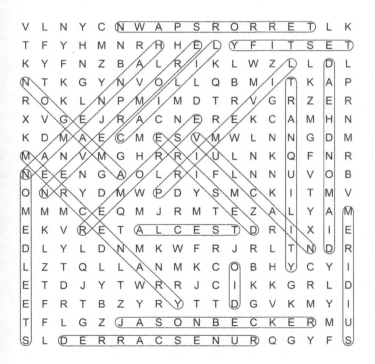

DIO
Puzzle # 44

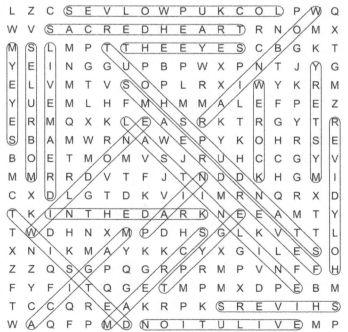

SLIPKNOT
Puzzle # 45

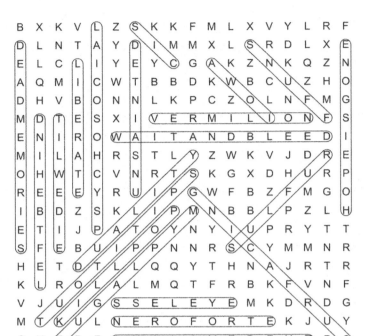

METAL ARTISTS
Puzzle # 46

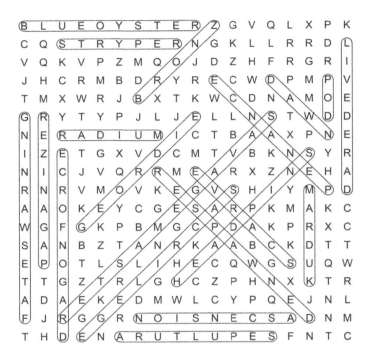

METAL ARTISTS
Puzzle # 47

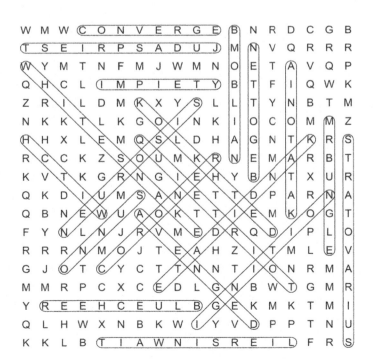

DISTURBED
Puzzle # 48

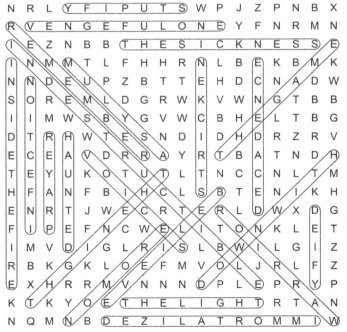

DEFTONES
Puzzle # 49

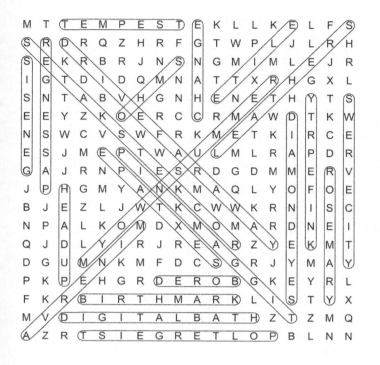

SABATON
Puzzle # 50

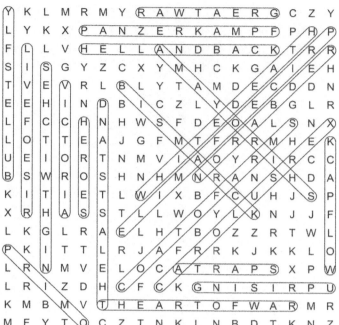

KORN
Puzzle # 51

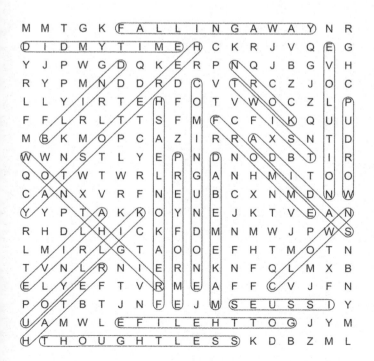

MANOWAR
Puzzle # 52

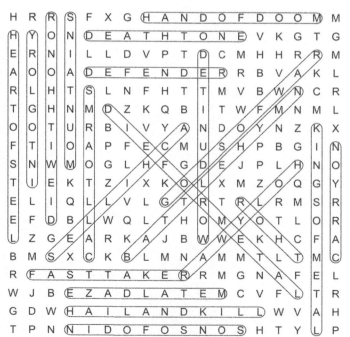

METAL COUNTRIES
Puzzle # 53

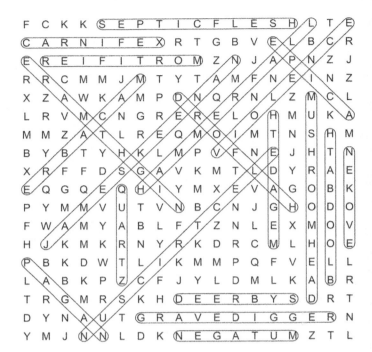

```
L N M L T F W T R E N O R W A Y A M
Z T W T Y K L L M N L B Y Y W I V N
L I R E L A N D E F R I P M R D M W
L N M L A B N D D A B Y H T R N G L
K F J X T T E R Z N N M S C T A W C
J H T M I W T I R A A U R N Z L M T
A Z N B S K L R M M A L Y L R N T K
A D B E A U S T R A L I A E H L I W F
D A P T N M R E O C A N O M C C F L K
N A K H F A G N V K F M N V T G Z W
A C K E K G M Y R J M H Q G H N J N P
V Z L R Y Y N R S T H W N C E R L R
P E A O K B F T I Z H R J G T E J B
K C N A M R O D W C L N R U A N C J
Z H D T F N K R T M A K G T T R X E
L X S I I G K K C T N A T Y L M Y T
N T L A W V Z N R K L K R A M N E D
```

METAL ARTISTS
Puzzle # 54

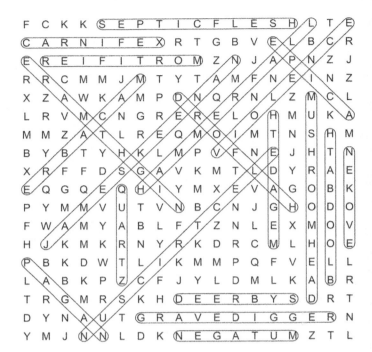

```
F C K K S E P T I C F L E S H L T E
C A R N I F E X R T G B V E L B C R
E R E I F I T R O M Z N J A P N Z J
R R C M M J M T Y T A M F N E I N Z
X Z A W K A M P D N Q R N L Z M C L
L R V M C N G R E R E L O H M U K A
M M Z A T L R E Q M O I M T N S H M
B Y B T Y H K L M P V F N E J H R O N
X R F F D S G A V K M T L D Y R A E
E Q G Q E Q H I Y M X E V A G O O K
P Y M M V U T V N B C N J G H O O V
F W A M Y A B L F T Z N L E X M O L
H J K M K R N Y E A D T I L E M H O L
P B K D W T L I K M M M P Q F V E L L
L A B K P Z C F J Y L D M L K A B R
T R G M R S K H D E E R B Y S D R T
D Y N A U T G R A V E D I G G E R
Y M J N N L D K N E G A T U M Z T L
```

METAL ARTISTS
Puzzle # 55

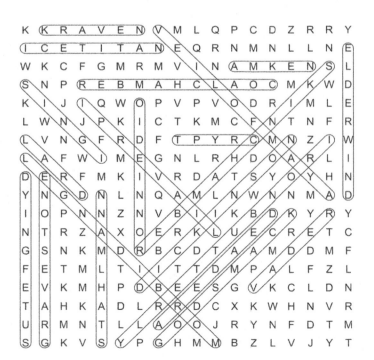

```
K K R A V E N V M L Q P C D Z R R Y
I C E T I T A N E Q R N M N L L N E
W K C F G M R M V I N A M K E N S L
S N P R E B M A H C L A O C M K W D
K I J I Q W O P V P V O D R I M L E
L W N J P K I C T K M C F N T N F R
L V N G F R D F T P Y R C M N Z I I
L A F W I M E G N L R H D O A R L I
D E R F M K I V R D A T S Y O Y H I
Y N G D L N Q A M L N W N N M A D
I O P N N Z V B I I K B D K Y R Y
N T R Z A X O E R K L U E C R E T C
G S N K M D R B C D T A A M D D M F
F E T M L T I T T D M P A L F Z L
E V K M H P D B E E S G V K C L D N
T A H K A D L R R D C X K W H N V R
U R M N T L L A O O J R Y N F D T M
S G K V S Y P G H M M B Z L V J Y T
```

CELTIC FROST
Puzzle # 56

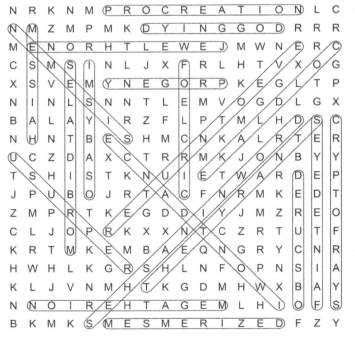

```
N R K N M P R O C R E A T I O N L C
N M Z M P K D Y I N G G O D R R R
M E N O R H T L E W E J M W N E R C
C S M S I N L J X F R L H T V X O G
X S V E M Y N E G O R P K E G L T P
N I N L S N N T L E M V O G D L G X
B A L A Y I R Z F L P T M L H D S C
N H N T B E S H M C N K A L R T E R
U C Z D A X C T R R M K J O N B Y P
T S H I S T K N U I E T W A R D E T
J P U B O J R T A C F N R M K E D O
Z M P R T K E G D D I Y J M Z R D F
C L J O P R K X X N T C Z R T U C R
K R T M K E M B A E Q N G R Y C N A
H W H L K G R S H L N F O P N S I Y
K L J V N M H T K G D M D H W X B A
N N O I R E H T A G E M L H I O F S
B K M K S M E S M E R I Z E D F Z Y
```

METAL ARTISTS
Puzzle # 57

METAL ARTISTS
Puzzle # 58

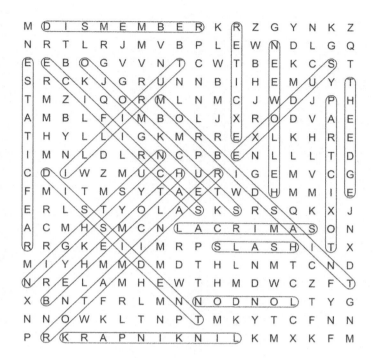

METAL ARTISTS
Puzzle # 59

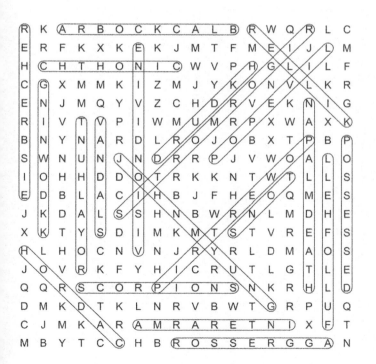

METAL ARTISTS
Puzzle # 60

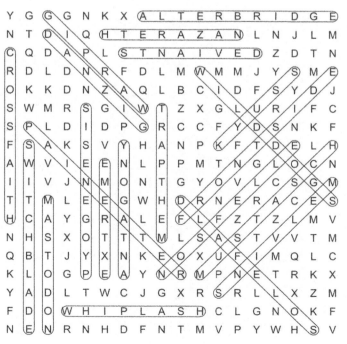

METAL ARTISTS
Puzzle # 61

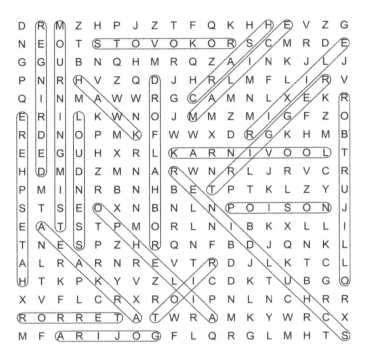

CARCASS
Puzzle # 62

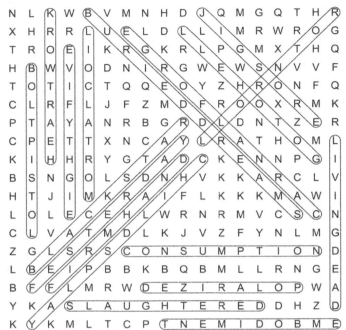

SLAYER
Puzzle # 63

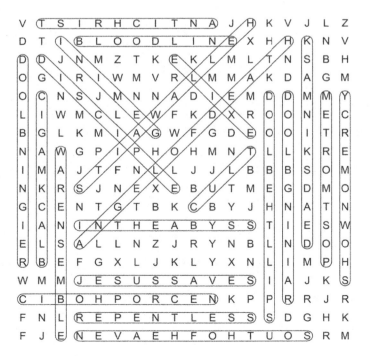

RAMMSTEIN
Puzzle # 64

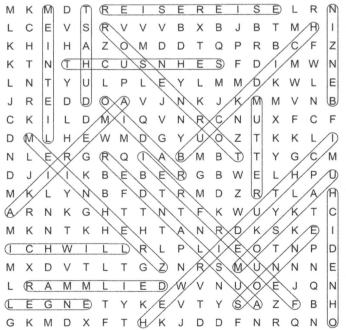

BLACK LABEL SOCIETY
Puzzle # 65

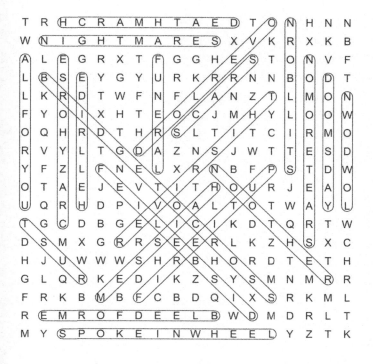

METAL ARTISTS
Puzzle # 66

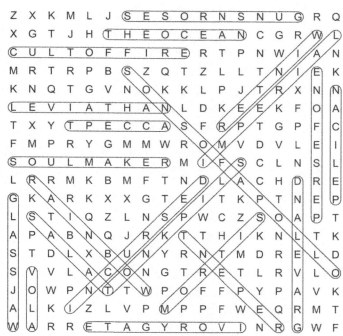

METAL ARTISTS
Puzzle # 67

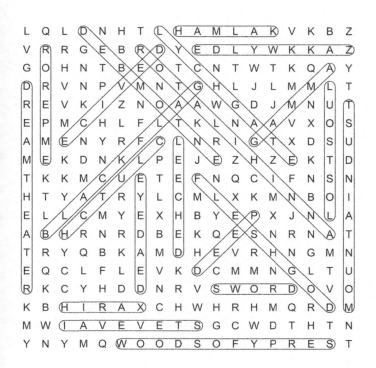

SYSTEM OF A DOWN
Puzzle # 68

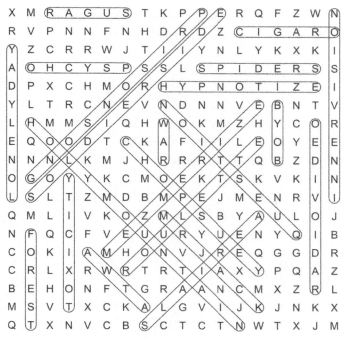

TESTAMENT
Puzzle # 69

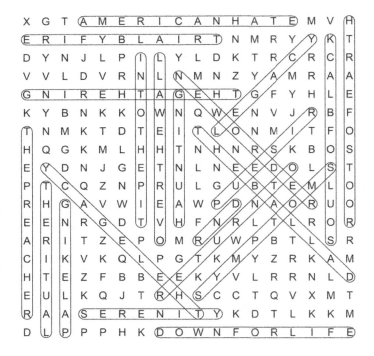

METAL ARTISTS
Puzzle # 70

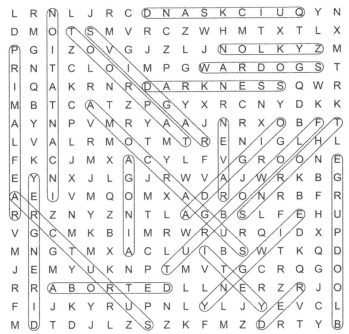

KREATOR
Puzzle # 71

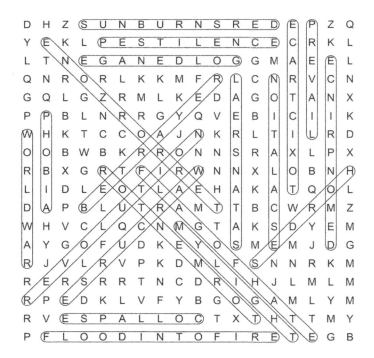

METAL ARTISTS
Puzzle # 72

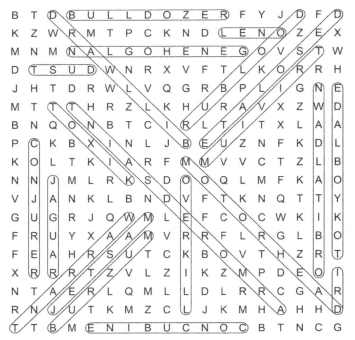

DREAM THEATER
Puzzle # 73

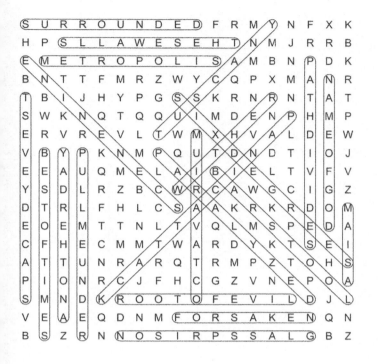

GHOST
Puzzle # 74

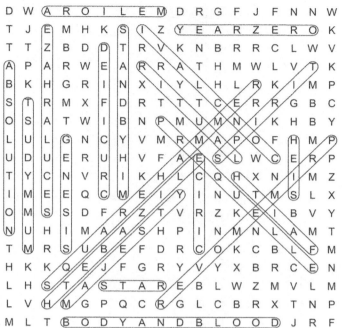

OPETH
Puzzle # 75

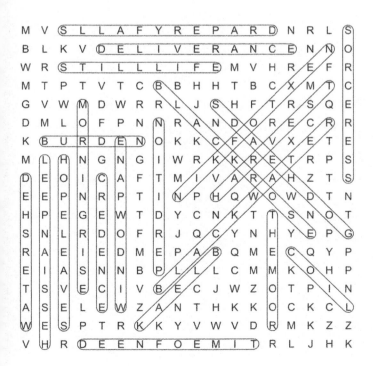

DEATH
Puzzle # 76

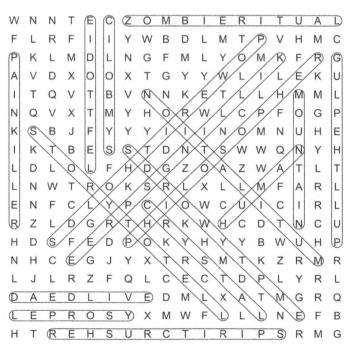

METAL ARTISTS
Puzzle # 77

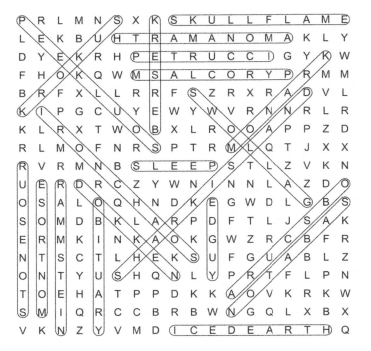

NAPALM DEATH
Puzzle # 78

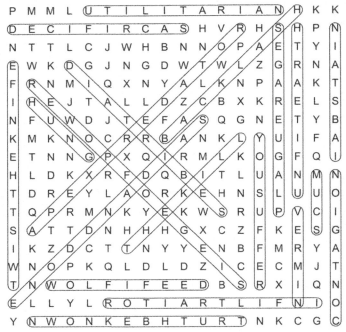

ALL THAT REMAINS
Puzzle # 79

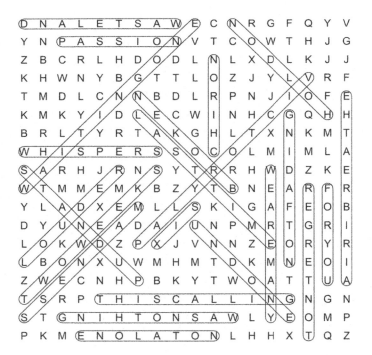

METAL ARTISTS
Puzzle # 80

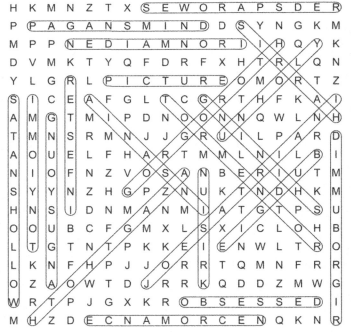

METAL ARTISTS
Puzzle # 81

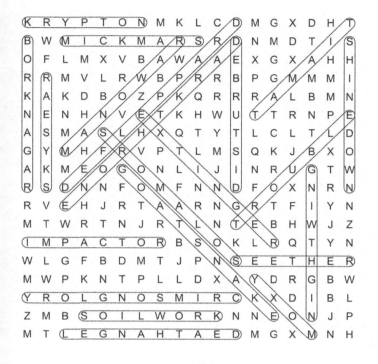

ANTHRAX
Puzzle # 82

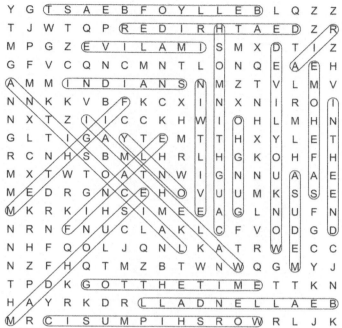

MASTODON
Puzzle # 83

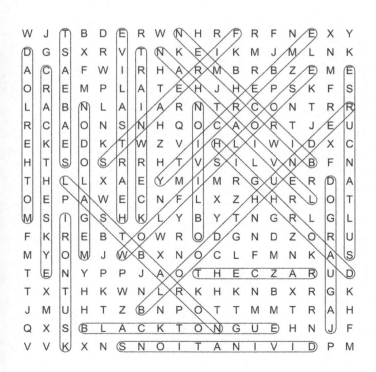

DRAGONFORCE
Puzzle # 84

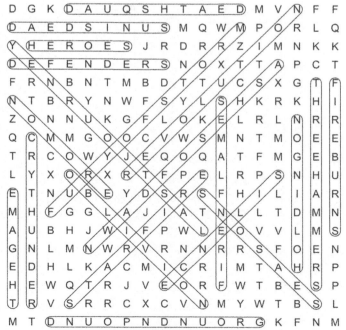

OZZY OSBOURNE
Puzzle # 85

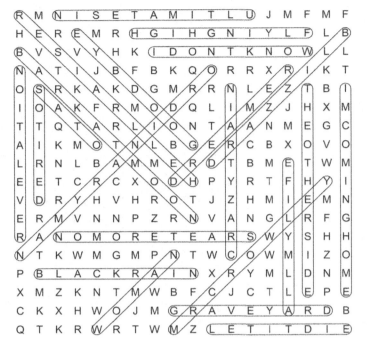

YNGWIE MALMSTEEN
Puzzle # 86

METAL ARTISTS
Puzzle # 87

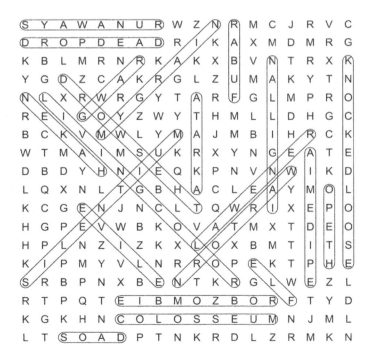

SPINAL TAP
Puzzle # 88

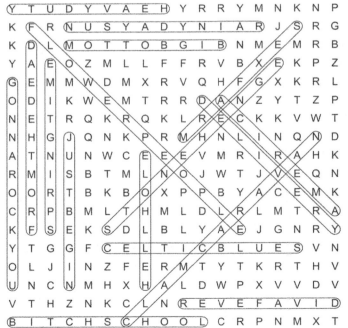

EXODUS
Puzzle # 89

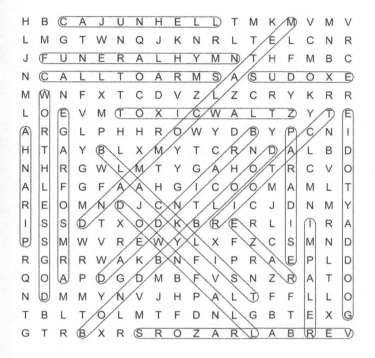

METAL ARTISTS
Puzzle # 90

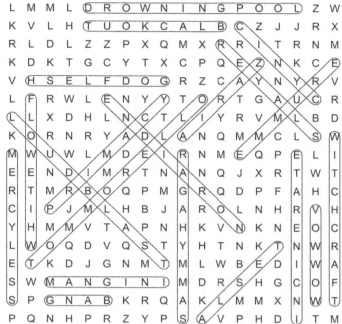

METAL ARTISTS
Puzzle # 91

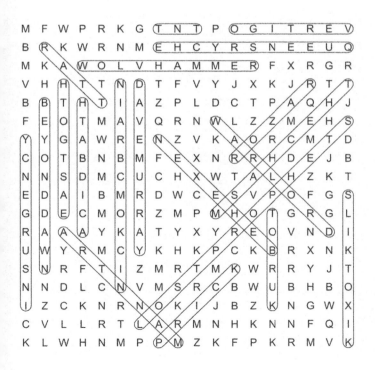

TRIVIUM
Puzzle # 92

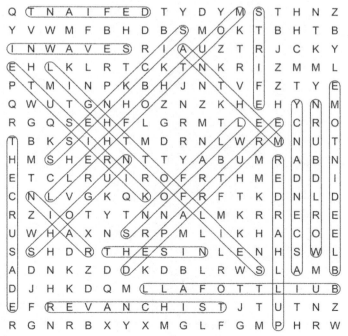

QUEENSRYCHE
Puzzle # 93

CANNIBAL CORPSE
Puzzle # 94

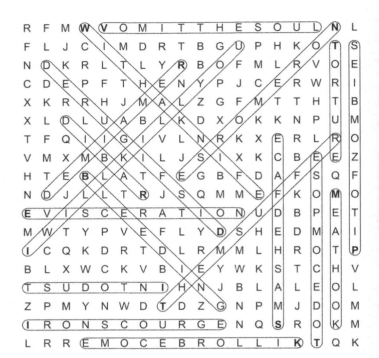

SUBGENRES
Puzzle # 95

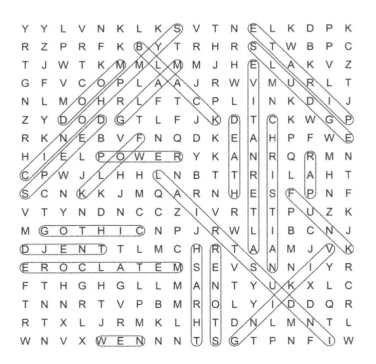

KILLSWITCH ENGAGE
Puzzle # 96

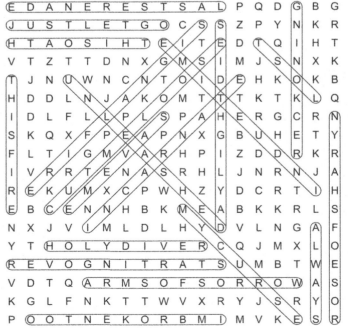

SUICIDE SILENCE
Puzzle # 97

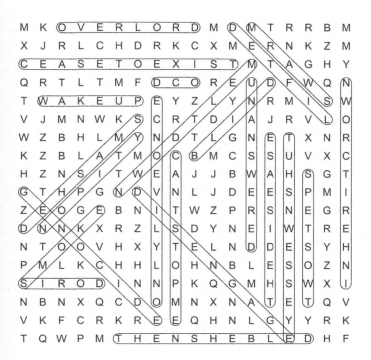

MOTORHEAD
Puzzle # 98

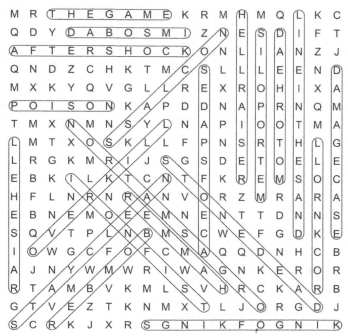

METAL ARTISTS
Puzzle # 99

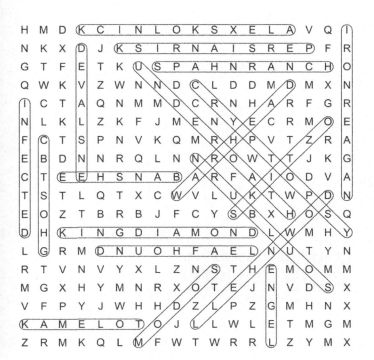

METAL ARTISTS
Puzzle # 100

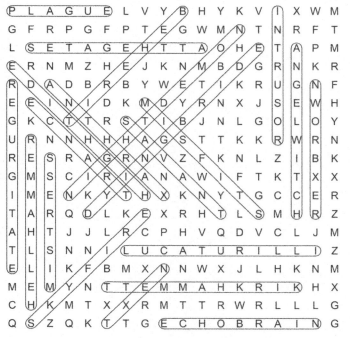

Made in the USA
Las Vegas, NV
25 January 2023

66222947R00070